Benedikt Doll · Charly Doll · Christoph Eich · Robin Irion

Doll's Schwarzwaldlust

Das sportliche Genießerkochbuch

Doll 2 Eich

Der Verlag für Genießer

Herausgeber:	Doll2Eich GbR – der Verlag für Genießer
Autoren:	Benedikt Doll, Charly Doll, Christoph Eich, Robin Irion
Fotografie:	Michael Bührer, Buehrer Medien, Freiburg
Gestaltung:	Rebekka Markert, Rebekka Markert Design, Freiburg
Leitung Lektorat:	Christoph Eich, Benedikt Doll
Marketing/Vertrieb:	Christoph Eich
Druck:	Poppen & Ortmann KG, Freiburg

2. aktualisierte Auflage Dezember 2019

CO_2 neutral gedruckt im Schwarzwald

MIX
Papier aus verantwortungsvollen Quellen
FSC® C129763

klimaneutral gedruckt
www.klima-druck.de
ID-Nr. 1980630

ISBN 978-3-00-060654-0

Weitere Rezeptideen und Anregungen findet ihr unter: www.dollskueche.de

Mit Leidenschaft kochen, mit Lust essen und mit Spaß Sport treiben!

Inhaltsverzeichnis

NIX

Vorwort

Ein gutes Essen ist Balsam für die Seele.

Wie wahr, und deshalb kochen wir mit Leidenschaft und essen mit Lust. Dabei schließen sich Genuss und eine gesunde, ausgewogene Ernährung nicht aus. Das möchten wir Euch mit unseren Rezepten in diesem Buch zeigen, oftmals inspiriert am Herd von unserer schönen Schwarzwälder Heimat und den umliegenden Regionen. Auch bei den Produkten legen wir besonderen Wert auf Heimatnähe und Frische.

Der Schwarzwald, das ist Landschaft pur, Täler und Berge soweit das Auge reicht, gekrönt vom Feldberg mit seinem stattlichen Gipfel auf 1493 Metern Höhe. Der Schwarzwald, wirtschaftlich geprägt von Forstwirtschaft über Feinmechanik bis hin zum Tourismus, bietet Ein- und Ausblicke – und obendrein ein einmaliges Panorama vom Pfälzer Wald über die Vogesen bis zu den Alpen.

Wen wundert es da, dass es unsere ganze Familie fast täglich hinaus in diese schöne Natur vor der Haustür zieht – zum Laufen, zum Wandern oder zum Radeln. Wir möchten Euch den Schwarzwald nahe bringen von seiner schönsten, einer ganz persönlichen und natürlich auch kulinarischen Seite.

Für alle von Euch, die gerne aktiv sind, haben wir ein paar sportliche Rezepte für ein Nordic Functional Training zusammengestellt, mit vielen Tipps für Anfänger und Fortgeschrittene. Welche Bereiche des Körpers Ihr damit trainiert, wie oft Ihr die Übungen ausführen müsst, welche Trainingsgeräte Ihr braucht, alle Übungen sind so erklärt, dass Ihr sofort mitmachen könnt. Probiert es einfach aus!

Mit Leidenschaft kochen, mit Lust essen, mit Spaß Sport treiben: Das treibt uns an. Nah an der Natur, die uns prägt und uns am Herzen liegt. Was lag da näher, als „Doll's Schwarzwaldlust" so nachhaltig wie möglich auf den Weg zu schicken.

Dieses Buch ist komplett im Schwarzwald entstanden mit Fotografie, Gestaltung und Produktion, so sind nur kurze Lieferwege notwendig gewesen. Die von uns ausgewählte Druckerei ist für ihr nachhaltiges und umweltbewusstes Handeln mehrfach ausgezeichnet und zertifiziert worden. Darüber hinaus kompensieren wir die CO_2-Emissionen, die bei der Herstellung von „Doll's Schwarzwaldlust" entstanden sind.

Viel Leidenschaft, Lust und Spaß beim Kochen, beim Genießen, beim Entdecken und beim Schwitzen wünschen

Charly und Benni

Portrait Benni und Charly

Benni

Benedikt Doll oder einfach „Benni“ hat sich als Biathlet in der Weltspitze etabliert und konnte bereits viele Erfolge feiern. Bei den Weltmeisterschaften in Östersund 2019 wurde er mit der Herren- und der Mixed-Staffel jeweils Vizeweltmeister. Die „Rennsemmel“ aus Hinterzarten ist zweifacher Bronzemedaillen-Gewinner bei den Olympischen Winterspielen 2018 in Pyeongchang, in der Verfolgung über 12,5 Kilometer und mit der deutschen Staffel über 4x7,5 Kilometer. Ein Jahr zuvor ist der Schwarzwälder im österreichischen Hochfilzen Biathlon-Weltmeister im Sprint über 10 Kilometer geworden. Als Skijäger zieht Benni Millionen Sportbegeisterte in seinen Bann – vor den Fernseh-Bildschirmen daheim sowie bei den Weltcups und Top-Ereignissen rund um die Biathlon-Welt.

Sportliche Höchstleistungen und eine gesunde Ernährung gehen für Benedikt Doll untrennbar Hand in Hand: „Um am Ende ganz oben zu stehen, muss man 100 Prozent Leistung bringen. Die Ernährung ist ein wichtiger Bestandteil im Leistungsmix!“

Kochen macht noch dazu viel Spaß. Das hat Benedikt Doll aus eigener Erfahrung gelernt und von seinem Vater Charly.

Charly

Karl-Heinz, genannt „Charly“ Doll ist Küchenmeister und Chef des Seminarhotels „Sonnenhof“ in Hinterzarten, mitten im Schwarzwald.

Bei den Olympischen Spielen 2002 in Salt Lake City stand er als Mannschaftskoch für das deutsche Nationalteam der Skispringer am Herd. Er versorgte Sven Hannawald, Martin Schmitt und Co., die damals Olympia-Gold mit der Mannschaft und Sven Hannawald Silber von der Normalschanze gewann.

Sportlich ist Charly Doll im Ausdauerbereich zu Hause. Er machte sich bei Ultraläufen und Bergläufen einen guten Namen und gewann den Swiss Alpine Marathon in Davos über 67 km gleich zweimal. Außerdem war der erste Sieger aus Übersee beim Comrades Marathon in Südafrika.

Die tägliche Trainingseinheit ist bis heute fester Bestandteil im Leben von Charly Doll, selbst wenn für ihn der sportliche Ehrgeiz bei seinen Aktivitäten mittlerweile keine Rolle mehr spielt. Die Auszeit vom Alltag ist für ihn inzwischen die entscheidende Kraft.

Charly Doll ist zudem Organisator vom X-Trail-Run und Nordic Walking Gipfel in Breitnau.

Frühstück und Snacks

Frühstücken

Mit Schwung in den Tag

Ein guter Start kann bereits viel entscheiden – im Sport wie auch im Tagesablauf. Das gilt auch für das Frühstück. Die erste Mahlzeit ist zugleich auch die wichtigste am Tag. Sie bringt uns in Schwung!

5 Gründe für ein gutes und ausgewogenes Frühstück:

1. Die tägliche Energie
In der Nacht verbraucht unser Körper viel Energie. Deshalb müssen wir unsere Speicher morgens wieder aufladen. Nur so können Gehirn, Muskeln und Organe richtig funktionieren. Sie benötigen den wichtigsten Brennstoff: Kohlenhydrate. Daneben sorgen gute Fette, Eiweiß und Vitamine für die Leistungsfähigkeit über den ganzen Tag.

2. Die konzentrierte Leistung
Mit einem ausgewogenen Frühstück schafft man die Grundlage, um länger konzentriert arbeiten zu können. Nicht nur, wenn es auf körperliche Leistungsfähigkeit ankommt, sondern auch wenn das Gehirn gefragt ist.

3. Die feine Linie
Frühstücken macht schlank. Das Frühstück liefert einen Teil der notwendigen Energie für den ganzen Tag. Wer nicht vernünftig frühstückt bekommt, weil dann später am Tag etwas fehlt, oft abends den so gefürchteten Heißhunger. Und was dann abends alles zu sich genommen wird, findet man schnell auf den Hüften wieder.

4. Das gute Gefühl
Nach einem leckeren Frühstück kommt man gut gelaunt durch den Tag.

5. Der richtige Antrieb
Der Stoffwechsel wird angekurbelt. Für wen es wichtig ist, der kann zum Frühstück auch gerne einen Kaffee genießen. Das bringt Dich in Fahrt, macht wach und regt zusätzlich den Stoffwechsel an.

3 Tipps, die ein gutes Frühstück ausmachen:

1

Ein leckeres Vollkorn-Müsli mit Vollmilch-Joghurt, Obst und Leinsamen oder ein Vollkornbrot mit Käse oder Quark sorgen dafür, dass ihr ausreichend Kohlenhydrate zu euch nehmt und zugleich die Fettverbrennung angekurbelt wird.

2

Vollkorn-Produkte liefern zudem wertvolle Mikronährstoffe und Ballaststoffe.

3

Aufpassen sollte man beim Zuckeranteil der Lebensmittel. Obst, Marmelade und noch ein süßes Knuspermüsli sind zu viel des Guten! Denn spätestens ein- bis eineinhalb Stunden nach dem Genuss solcher süßen Sachen kommt man in den Bereich der Unterzuckerung – und die Leistungsfähigkeit nimmt deutlich ab.

Charlys Powermüsli

mit frischen Früchten

So hat Charly bei den Olympischen Spielen 2002 schon die deutschen Skispringer als Mannschaftskoch in Schwung gebracht. Charlys Powermüsli ist das Highlight bei jedem Frühstück oder Brunch. Es liefert Energie und einen ausgewogenen Mix an Mikronährstoffen. Die Zutaten können je nach Jahreszeit kreativ variiert werden. Im Herbst und Winter bietet sich zum Beispiel etwas Zimt als Gewürz an. In der Erdbeerzeit gehören natürlich frische Erdbeeren hinein.

ZUTATEN

300 g Basis-Müslimischung ohne Zuckerzusatz
100 g grobe Haferflocken
100 g feine Haferflocken
100 g zusammen: geschroteter Dinkel, Roggen, Hirse, Quinoa, Hafer
Milch oder Wasser
Rosinen
Gehackte Nüsse
1 EL Honig oder Agavendicksaft
2 kleine Becher Naturjoghurt
2 Äpfel
1 Birne
1 Zitrone
2 Bananen

8 | 15 MIN

ZUBEREITUNG

Die Müslimischung, Haferflocken und geschrotete Körner mit Milch oder Wasser gut bedecken und einziehen lassen. Je nach Geschmack Rosinen und verschiedene gehackte Nüsse dazugeben und mit etwas Honig oder Agavendicksaft süßen. Den Naturjoghurt untermischen. Die Äpfel und die Birne in Streifen reiben, mit dem Saft einer Zitrone säuern und zum Müsli geben. Die Bananen durch eine Presse drücken und nun alles gut vermischen.

TIPP Wenn das Müsli länger frisch bleiben soll, dann die Bananen frisch dazugeben. Das Müsli kann man bis zu 5 Tagen im Kühlschrank aufbewahren. Es schmeckt dann noch besser.

Frischkäseterrine

aus drei verschiedenen Schichten

„Kann eine von der Liebe bereitete Mahlzeit jemals unschmackhaft sein?" – Jean-Jacques Rousseau

ZUTATEN

400 g Doppelrahmfrischkäse
500 g Schmand (24 % Fett)
6 Blatt weiße Gelatine
2 Bund glatte Petersilie
1 Bund Basilikum
4–5 frische Thymianzweige
2 Bund Schnittlauch
Salz
Pfeffer (aus der Mühle)
½ rote Paprikaschote (ca. 100 g)
2 TL Tomatenmark
2 TL Paprikapulver (edelsüß)
2–3 Knoblauchzehen

ZUBEREITUNG

Frischkäse und Schmand glattrühren und die Käsemasse dreiteilen. Die Gelatine in kaltem Wasser einweichen, die Hälfte der Kräuter waschen und fein hacken, den Schnittlauch in ganz feine Röllchen schneiden. Die gehackten Kräuter unter ein Drittel der Käsemasse rühren, salzen und pfeffern. Die Paprika putzen und sehr fein würfeln, mit Tomatenmark und Paprikapulver unter das zweite Drittel der Käsemasse geben und verrühren, salzen und pfeffern. Knoblauch pellen, durch die Presse in das letzte Drittel der Käsemasse geben und salzen und pfeffern. Jeweils 2 Blatt Gelatine tropfnass bei milder Hitze auflösen und unter jeweils einen Teil der Käsemassen rühren und kaltstellen. Eine Kastenform (1,5 Liter) mit einem Gefrierbeutel glatt auslegen. Zuerst die Knoblauchmasse, dann die Paprikamasse und zum Schluss die Kräutermasse einfüllen und jeweils glattstreichen. Die Form mehrmals auf die Arbeitsplatte aufstoßen, damit keine Luftblasen in der Terrine entstehen. Danach für mindestens 3 Stunden kaltstellen und anschließend stürzen. Die restlichen Kräuter hacken und fest als Mantel um die Terrine geben. Nun in Scheiben schneiden und mit Brot servieren.

Charlys Tipp

Die Frischkäseterrine mit Vollkornbrot anrichten und fertig ist eine vollwertige Mahlzeit mit einer wertvollen Eiweißkombination.

Eggs Benedict 2.0

für herzhafte Frühstücker

Wenn es schon ein Gericht mit Bennis Namen gibt, dann gehört es auch in unser Kochbuch. Zusammen mit EDEKA, Partner vom Olympia Team Deutschland, haben wir Eggs Benedict 2.0 kreiert und den internationalen Frühstücksklassiker in eine Fit-Variante verwandelt. So haben wir Eggs Benedict mit frischen Tomaten, leckeren Avocados und jungem Blattspinat veredelt. Auch die Sauce Hollandaise gewinnt durch den Joghurt an Leichtigkeit.

ZUTATEN

80 g Butter
3 Eigelb
½ Bund Brunnenkresse
1½ EL Zitronensaft
Salz/Pfeffer
1 Prise Cayennepfeffer
50 g Joghurt
200 g reife Avocado
200 g Cherrytomaten
etwas Zitronensaft
4 Scheiben Sauerteigbrot
1 TL Olivenöl
150 g Babyspinat
3 EL Weißweinessig
4 Eier

4 · 25 MIN

Video
Das Video zum Rezept findet Ihr unter edeka.de/eggs-benedict

ZUBEREITUNG

Für die Sauce Hollandaise die Butter kurz aufkochen lassen. In einem Mixer die Eigelbe, Brunnenkresse, Zitronensaft, Salz und Pfeffer vermengen. Den Mixer auf die niedrigste Stufe stellen und die heiße Butter vorsichtig zur Masse hinzugeben. Wenn die Sauce gut andickt, den Joghurt nach und nach hinzugeben. Die Sauce anschließend in eine Metallschüssel geben und auf dem Herd in einem Wasserbad bei niedriger Hitze warmhalten.

Für das Avocado-Tomaten-Tatar die Avocado von Schale und Kern befreien und in feine Würfel schneiden. Die kleinen Tomaten waschen und achteln. Beides vermengen und mit Zitrone, Salz und Pfeffer abschmecken.

Das Sauerteigbrot in Scheiben schneiden und in einer Pfanne von beiden Seiten kurz anrösten. In die gleiche, noch heiße Pfanne, das Olivenöl geben und den noch tropfnassen Spinat hinzugeben. Die Pfanne mit einem Deckel abdecken und den Spinat für zwei Minuten garen. Anschließend mit Salz und Pfeffer abschmecken.

Nun die Eier pochieren. Dazu 0,5 l Wasser in einem Topf aufkochen und den Weißweinessig hinzu geben. Herd ausschalten, einen schwachen Strudel im Wasser erzeugen und nun vorsichtig ein aufgeschlagenes Ei in das Wasser gleiten lassen. Mit zwei Holzkochlöffeln darauf achten, dass das Ei nicht auseinander läuft. Nach 3–4 Minuten das Ei vorsichtig aus dem Topf nehmen und auf die Brotscheibe mit Spinat setzen.

Gebeizter Lachs
mit Dill- und Wacholdernote

„Ein gutes Essen ist Balsam für die Seele" – Sprichwort aus Tadschikistan

ZUTATEN

400 g frisches Lachsfilet
(ohne Gräten mit Haut)

Für die Beize:
25 g Salz
50 g Zucker
½ abgeriebene Zitronenschale
1 Msp. gemahlener Koriander
8 zerdrückte Wacholderbeeren
1 Msp. Kümmel
1 Msp. geschroteter Pfeffer
3 EL gehackter frischer Dill

ZUBEREITUNG

Lachsfilet mit der Hautseite nach unten auf eine Platte legen und mit der Beize vollständig bedecken. Mit einer Klarsichtfolie gut abdecken und 3 Tage in den Kühlschrank stellen. Danach die gesamte Beize vom Lachs abreiben und den Lachs ohne Haut in feine Scheiben schneiden und servieren.

TIPP Zum Lachs passt sowohl Meerrettich als auch eine süßliche Senf-Honig-Dill-Sauce. Der gebeizte Lachs kann sehr gut eingefroren werden und ist immer ein tolles „Mitbringsel".

Bennis Hefezopf

luftig und leicht

Kinderleicht – hat Benni schon als Kind gemacht!

ZUTATEN

600 g Weizenmehl
70 g Zucker
1 Prise Salz
300 ml Milch
1 Würfel frische Hefe
60 g Butter
3 ganze Eier
1 abgeriebene Zitrone
Puderzucker zum Abstäuben

6 · 35 MIN

ZUBEREITUNG

Alle Zutaten sollten Zimmertemperatur zwischen 20–25 °C haben. Die Hefe mit lauwarmer Milch und etwas Zucker ansetzen und ca. 5 Minuten angehen lassen. Das Mehl, den restlichen Zucker, die Margarine, die ganzen Eier und die Zitronenschale in eine Schüssel geben. Nachdem die Hefe angegangen ist, diese in die Schüssel hinzugeben und alles gut 8–10 Minuten mit einem Rührgerät kneten. Der Teig muss sich vom Rand lösen und in der Mitte der Schüssel sollte sich ein glatter Teigkloß mit leichten Blasen bilden. Ist der Teig zu weich sein, noch etwas Mehl dazugegeben werden. Den fertigen Teig ca. 30–40 Minuten gehen lassen, bis er sich in etwa verdoppelt hat. Den geformten Zopf vor dem Backen nochmals 20 Minuten gehen lassen und anschließend bei 160 °C ca. 40 Minuten backen. Achtung: Nicht zu heiß backen.

Bennis Tipp

Wenn der Zopf abgekühlt ist, mit etwas Puderzucker bestäuben. Wer Lust hat, kann auch Rosinen in den Teig geben oder den Zopf vor dem Backen mit Eigelb bepinseln und Mandeln bestreuen.

Jugend WM 2008 in Ruhpolding. Bennis erste internationale Wettkämpfe und auch die erste WM-Medaille als Jugendweltmeister in der Staffel.

Südbadische Linzer Torte

mit Himbeerkonfitüre

„Schon der Name verrät ihre österreichische Herkunft. Da Teile Südbadens bis Anfang des 19. Jahrhunderts zu Österreich gehörten, wurde die Linzer Torte auch bei uns heimisch. Für mich ist sie die optimale Verpflegung, wenn ich länger nach Skandinavien gehe. So ist immer ein Stück Heimat dabei." – Benni

ZUTATEN

Springform (28 cm)
250 g Butter
250 g Dinkelmehl
250 g Zucker
250 g geriebene Mandeln
50 g feingehacktes Zitronat
1 EL Kakao
1 TL Zimt
1 Msp. Nelke
1 abgeriebene Zitrone
3 Eigelb
3 EL Kirschwasser
250 g Himbeermarmelade
1 Eigelb mit etwas Sahne zum Bestreichen

1 · 40 MIN

ZUBEREITUNG

Alle Zutaten bis auf die Konfitüre und dem Kirschwasser zu einem Teig kneten. Am besten über Nacht im Kühlschrank ruhen lassen.

Am nächsten Tag eine 28 cm Springform gut einfetten und den Teig halbieren. Die eine Hälfte auswellen und als Boden inklusive Rand in die Springform legen.

Nun die Konfitüre mit dem Kirschwasser verrühren und auf dem Boden gleichmäßig verteilen. Die zweite Hälfte des Teigs ausrollen und in zehn 2,5 cm breite Streifen schneiden, so dass ein Gitter gelegt werden kann.

Ist die Linzer Torte fertig belegt, alles mit dem Eigelb-Sahne-Gemisch bepinseln und bei 165 °C ca. 35 Minuten im Ofen backen.

BENNIS TIPP Die Linzer Torte darf nicht zu lange gebacken werden, sonst wird sie bröselig und trocken.

Wenn's kalt wird, brauche ich meine Linzer Torte.

Bennis Weckle

mit Amaranth und Bananenchips

Zusammen mit der Bäckerei & Konditorei Dirk Fischer aus Titisee-Neustadt hat Benni ein neues Brötchen kreiert, das zu einem guten und ausgewogenen Frühstück passt. BENNIS, so der Name der Weckle, hat einen hohen Anteil an wertvollem Dinkel und beinhaltet als besonderes Highlight auch Bananen und Amaranth.

ZUTATEN

300 g Weizenmehl Type 1050
200 g Dinkelmehl Type 630
70 g Dinkelvollkornschrot
70 g Haferflocken
30 g Amaranth gepoppt
400 g Wasser (ca. 20 °C)
10 g Salz
½ Hefewürfel
50 g Bananenchips
10 g Malzmehl dunkel
etwas Reisflocken zum Bestreuen

ZUBEREITUNG

Alle Zutaten außer den Bananenchips in eine Schüssel geben und gut durchkneten. Anschließend die Bananenchips zugeben und in den Teig einkneten lassen. Nun die Schüssel mit einem Tuch abdecken und den Teig 1 Stunde gehen lassen. Dann den Teig zu 100g schweren Stücken abwiegen und die Stücke zu Kugeln formen, auf ein Backblech setzen und leicht andrücken. Die Oberfläche der Teigkugeln mit Wasser bestreichen und die Reisflocken aufstreuen. Nun die Teigstücke nochmals 30 Minuten abgedeckt gehen lassen. Dann ca. 20 Minuten in der mittleren Schiene bei 200 °C Umluft (bzw. 220 °C mit Ober- und Unterhitze) im vorgeheizten Backofen backen.

TIPP Entspannter geht's im Café Schwarzwaldmaidle in Feldberg-Bärental. Hier bekommt man BENNIS zum Frühstück serviert.

MADSHUS
ROTTEFELLA
TEAM
D

Vegetarische Brotaufstriche

Kürbiskern-Pesto, Rucola-Kräuter-Pesto, Hokkaido-Aufstrich

Diese leckeren Aufstriche gibt es bei uns immer zum Aperitif auf frischem Walnussbaguette

ZUTATEN Kürbiskern-Pesto

60 g Kürbiskerne
½ rote Chilischote (ohne Kerne klein schneiden)
5 g gehackte Basilikumblätter
20 ml Kürbiskernöl
30 ml Olivenöl
50 g geriebener Parmesan
1–2 Knoblauchzehen – nach Belieben
Salz/Pfeffer
½ Zitrone (nur Saft)

6 | 15 MIN

ZUBEREITUNG Kürbiskern-Pesto

Die Kürbiskerne bei mittlerer Temperatur vorsichtig und ohne Öl in der Pfanne rösten. Danach alle Zutaten sehr fein pürieren, in ein Schraubdeckelglas abfüllen und im Kühlschrank aufbewahren.

TIPP Hervorragend geeignet auf frisch geröstetem Brot oder Toast, zum Anrühren von Quark als Dip, unter frischer Pasta, für Risotto, in Salatdressing und, und, und!

ZUTATEN Hokkaido-Aufstrich

200 g Hokkaido-Kürbis
100 g Walnüsse
100 ml Gemüsebrühe
50 ml Leinöl oder Olivenöl
50 ml Walnuss- oder Traubenkernöl
1 gehackte Knoblauchzehe
1 kleine Chilischote
1 cm Ingwer
Agavendicksaft oder Honig
Salz/Pfeffer
1 Msp. gemahlener Kreuzkümmel

8 | 20 MIN

ZUBEREITUNG Hokkaido-Aufstrich

Walnüsse und Gemüsebrühe in ein Gefäß geben und ca. 2 Stunden einweichen. Den Kürbis halbieren, mit einem Löffel die Kerne ausschaben. Das Kürbisfleisch in kleine Würfel schneiden. Knoblauch und Ingwer schälen und feinhacken, anschließend die Chilischote ohne Kerne in feine Streifen schneiden. Alle vorbereiteten Zutaten zusammen mit den abgegossenen Walnüssen in einen Mixer geben und mit den Ölen und Agavendicksaft cremig mixen. Dann mit Salz, Pfeffer und Kreuzkümmel abschmecken. Der Aufstrich ist bis zu zwei Wochen haltbar, aber am besten gleich essen.

ZUTATEN Rucola-Kräuter-Pesto

1 Bund Rucola
frische Saisonkräuter
50 g Olivenöl
30 g geriebener Parmesan
2 Knoblauchzehen
30 g Pinienkerne oder Walnusskerne
30 g getrocknete süße Tomaten
Salz/Pfeffer

6 | 15 MIN

ZUBEREITUNG Rucola-Kräuter-Pesto

Die Pinienkerne bei mittlerer Temperatur vorsichtig und ohne Öl in der Pfanne rösten. Danach alle Zutaten sehr fein pürieren, in ein Schraubdeckelglas abfüllen und im Kühlschrank aufbewahren.

TIPP Passt zu Pasta als Sauce, verfeinert jedes Salatdressing und zaubert mit Frischkäse vermengt einen leichten Brotaufstrich.

Grünkerncreme

als herzhafter Aufstrich

Grünkernschrot wird aus ganzen Grünkernen geschrotet. Das Ursprungsprodukt für den Grünkern ist der Dinkel, ein Verwandter des Weizens. Das noch grüne Dinkelkorn wird in der beginnenden Reife geerntet und sofort über Buchenholzfeuer gedarrt und somit getrocknet. In der Küche ist die Grünkernsuppe recht bekannt, aber wir machen daraus eine leckere Creme.

ZUTATEN

100 g feines Grünkernvollkornschrot
200 ml Gemüsebrühe
1 kleine Zwiebel
2 kleine Knoblauchzehen
50 g weiche Butter
2 EL kalt gepresstes Sonnenblumenöl
3 EL feine Haferflocken
1 Bund gemischte frische Kräuter (Basilikum, Kerbel, Estragon, Petersilie und Liebstöckel)
Kräutersalz
weißer Pfeffer
frisch gemahlene Muskatnuss
1 Spritzer Zitronensaft
etwas Senf

8 · 20 MIN

ZUBEREITUNG

Das Grünkernvollkornschrot in der Gemüsebrühe aufkochen, nachquellen und erkalten lassen. Die Zwiebel schälen und in feine Würfel schneiden. Die Knoblauchzehen schälen und zerreiben. Die Kräuter waschen und fein hacken. Das Grünkernvollkornschrot mit der weichen Butter, dem Öl sowie den restlichen Zutaten mischen und mit den Kräutern, den Gewürzen, dem Senf und dem Zitronensaft pikant abschmecken.

TIPP Ein Vollkornbrot mit der Grünkerncreme bestreichen, mit Tomatenscheiben, gewürzten Keimlingen und Käse belegen und im Ofen bei 175 °C überbacken.

Power-Amaranth-Riegel

mit vielen Nüssen und getrockneten Früchten

Der natürliche Energieschub – gesund und lecker – immer mit dabei! Für sportliche Ausdauereinheiten oder für Zwischendurch. Bei diesem Energieriegel zum Selbermachen steht der Gewinner bereits fest. Bei den Zutaten sind der Fantasie natürlich keine Grenzen gesetzt.

ZUTATEN

160 g Kakaobutter
120 g gepopptes Amaranth
1 gemahlene oder ausgeschabte Vanilleschote
120 g Honig
120 g weißes Mandelmus oder Cashewmus
20 g Kakao
2 TL gemahlener Zimt
1 Prise Meersalz
40 g geröstete und gehackte Mandeln
40 g geröstete Walnüsse
40 g geröstete Erdnüsse
80 g getrocknete Cranberrys
80 g gehackte Rosinen
80 g kandierter Ingwer
80 g getrocknete Aprikosen

12 · 30 MIN

ZUBEREITUNG

Die Kakaobutter in einem Topf über dem Wasserbad zum Schmelzen bringen und mit allen anderen vorbereiteten Zutaten vermischen. Die Masse auf ein Backblech geben und zu einem Rechteck von ca. 40 x 30 cm und einer Dicke bis zu 1,5 cm formen. Danach die Oberfläche mit einem Spachtel glattdrücken. Anschließend die Masse 1–2 Stunden gut durchkühlen lassen und danach mit dem Messer in kleine Stücke schneiden.

Bennis Tipp

Das Backblech leicht erwärmen, dann lassen sich die Riegel besser lösen.

Früchtebrot

weihnachtlich gewürzt

Für alle, die gerne bei Kälte und Schnee den Winter in vollen Zügen genießen, gibt unser Früchtebrot die nötige Energie. Das Brot mit getrockneten Früchten, Nüssen und weihnachtlichen Gewürzen liefert Power für zwischendurch und schmeckt natürlich auch zuhause zum Kaffee.

ZUTATEN

Früchte:
150 g getrocknete Äpfel
150 g getrocknete Pflaumen
50 g getrocknete Aprikosen
100 g getrocknete Sultaninen
100 g getrocknete Feigen

Gewürze:
50 ml Zitronat
50 ml Orangeat
100 g gestiftelte Mandeln
100 g gehackte Walnüsse
5 g Anis
5 g Zimt
1 g Kardamom
10 g Kakao
3 Zitronen (Saft und abgeriebene Zitronenschale verwenden)
100 ml Kirschwasser

Teig:
2 Würfel frische Hefe
300 ml lauwarmes Wasser
700 g Weizen- oder Dinkelmehl, auch Vollkorn möglich

6 · 45 MIN

ZUBEREITUNG

Die getrockneten Früchte in 1,5 cm große Würfel schneiden und mit den Zutaten „Gewürze" gut vermengen und einen Tag bei Raumtemperatur durchziehen lassen.

Aus der Hefe, dem Wasser und dem Mehl einen Hefeteig kneten. Falls die Masse etwas zu fest ist, noch etwas Wasser hinzugeben und 30 Minuten an einem warmen Platz gehen lassen. Danach alle Zutaten vermischen. Den Teig in kleine Brötchen formen oder in eine Kastenform geben und nochmals 1,5 Stunden gehen lassen. Jetzt kann das Früchtebrot bei 180–200 °C 60 Minuten gebacken werden. Zum Abschluss kann das Brot nach Belieben dekoriert werden.

Zum Aufbewahren am besten in ein luftdichtes Gefäß oder Frischhaltefolie einpacken.

TIPP
Eine Scheibe vom Früchtebrot mit würzigem Käse belegen und zum Aperitif servieren.

Suppen und Salate

Charlys Kräutergarten ...

... bringt Abwechslung in die Küche

„Sie sind die besten Gewürze, die die Natur zu bieten hat: Kräuter. Schon die Menschen in der Steinzeit haben Kräuter zum Verfeinern von Speisen genutzt.

Kräuter sind sehr gesund. Sie enthalten wertvolle Vitamine, Mineralien, ätherische Öle, Spurenelemente und sekundäre Pflanzenstoffe, die sich positiv auf unser Wohlbefinden auswirken. Und sie machen obendrein unsere Speisen bekömmlicher.

Alle Kräuter haben eines gemeinsam: die ätherischen Öle, die sie enthalten. Die sind für das Aroma eines Krauts und somit für den guten Geschmack des Essens verantwortlich. Sie spielen andererseits auch in der Heilkunde eine große Rolle.

Frisch geerntet sind Kräuter besonders köstlich. Kommen sie direkt aus dem Garten in die Küche, haben sie natürlich das beste Aroma. Deshalb hege und pflege ich meinen eigenen Kräutergarten beim „Sonnenhof". Dort gedeihen eine Vielzahl unterschiedlicher Küchenkräuter: Zitronenmelisse. Minze, Salbei, Liebstöckel, Thymian, Majoran, Basilikum, Sauerampfer, Bärlauch, Lavendel, Bohnenkraut, Currykraut, Koriander, Schnittlauch, Blattpetersilie, Rosmarin und Dill. Einige davon, wie Minze, Salbei und Thymian, wachsen in meinem Garten gleich in verschiedenen Sorten.

Mein Tipp: Wer nicht so viel Platz hat wie in einem Kräutergarten, kann für seine Kräuter auch einfach Pflanzkübel oder kleinere Töpfe für drinnen nehmen.

Für die Küche in der Winterzeit hacke ich frische Kräuter und friere sie in kleinen Portionen ein. So habe ich auch in der kalten Jahreszeit immer würzige Kräuter im Haus. Gerne püriere ich auch verschiedene Kräuter mit Olivenöl oder Sonnenblumenöl und etwas Salz zu einem Pesto. Das fülle ich in kleine Gläser ab – und kann es später beim Kochen verwenden.

Neben den Gartenkräutern sind für mich vor allem Wurzelgewürze wie Ingwer, Kurkuma, Petersilienwurzel, Knoblauch, Meerrettich oder Zwiebeln die besten Würzmittel aus der Natur zum Verfeinern. Für Gemüsesuppen und Saucen etwa sind Kurkuma und Ingwer, kombiniert mit Chili, der „Hit".

Probiert es einfach aus. Experimentieren in der Küche macht nämlich richtig Spaß!"

Euer Charly

Charlys Champignonsüpple

Ein Gedicht zu jeder Jahreszeit

... für alle Suppenliebhaber oder die, die es mal werden wollen
... für ehemalige Suppenkasper oder „Supperstars"
... und natürlich für alle, die sich gerne von Charlys Kochkünsten verwöhnen lassen möchten

ZUTATEN

250 g Champignons
2 ½ EL Olivenöl
1 gehackte Knoblauchzehe oder
½ gewürfelte Zwiebel
100 ml Weißwein (natürlich aus Baden)
800 ml Gemüsebrühe
Salz/Pfeffer
1 Msp. gemahlener Koriander
200 ml Sahne oder 50 ml Leinöl
Maisstärke (Mondamin)
getrockneter Kerbel oder Basilikum

ZUBEREITUNG

Die Champignons mit dem Messer in kleine Scheiben schneiden und im Topf mit Olivenöl und Knoblauch leicht anrösten. Mit Weißwein ablöschen und mit der Gemüsebrühe auffüllen und ca. 10 Minuten leicht köcheln lassen. Mit Salz, Pfeffer, Koriander abschmecken und die Sahne oder Leinöl dazugeben. Alles nochmals aufkochen und dann mit dem Stabmixer pürieren. Vielleicht noch mit etwas Maisstärke abbinden. Am Schluss die Kräuter unterrühren.

Linseneintopf

mit geräucherter Bauernbratwurst

„Von Liebe allein wird man nicht satt. Wohl dem, der was zum Löffeln hat!"

ZUTATEN

150 g braune, rote und schwarze Linsen (gemischt)
1500 ml Gemüsebrühe
100 ml Weißwein
2 fein gewürfelte Karotten
1 fein gehackte Lauchstange
1 fein gehackte rote Zwiebel
1 fein gehackte Knoblauchzehe
glatte Peterle
2–4 geräucherte Bauernbratwürste
1 EL Kräuteressig
3 EL Olivenöl
Salz/Pfeffer

5 | 30 MIN

ZUBEREITUNG

Das kleingeschnittene Gemüse, Zwiebeln und Knoblauch mit dem Öl andünsten. Die abgewaschenen Linsen dazugeben und mit dem Weißwein ablöschen. Anschließend mit der Gemüsebrühe auffüllen und bei schwacher Hitze ca. 45 Minuten köcheln lassen. Mit Salz und Pfeffer, Kräuteressig und den gehackten Peterle abschmecken. Die Bauernwürste in 1 cm dicke Scheiben schneiden, dazugeben und 5 Minuten ziehen lassen.

Je nach Wunsch kann der Suppeneintopf mit etwas in Wasser angerührter Maisstärke abgebunden werden. Achtung: ½ EL Maisstärke reicht für 1 Liter Suppe.

Charlys Tipp

Spätzle passen sehr gut zum Linseneintopf. So wie die Schwaben es lieben.

Kräuter-Wein-Süpple und Spätzlesuppe

leicht beschwipst und badisch gut

Im Herbst werden bei uns nicht nur die Trauben gelesen, sondern auch die letzten Kräuter vor dem Winter geerntet. Was dabei nicht mehr in die Suppe passt, wird eingefroren.

ZUTATEN Kräuter-Wein-Süpple

Verschiedene Kräuter wie z.B. Basilikum, Bohnenkraut, Thymian, Majoran, Liebstöckl, glatte Peterle usw.
1 gewürfelte Zwiebel
½ zerdrückte Knoblauchzehe
250 ml Weißwein (lieblich)
125 ml Muskatellerwein
500 ml Gemüsebrühe
125 ml Sahne
1 TL Maisstärke (Mondamin)
1 EL Kürbiskernöl
2 EL Rapsöl
Salz/Pfeffer

4

20 MIN

ZUBEREITUNG Kräuter-Wein-Süpple

Von allen Kräutern die Blätter abzupfen, fein hacken und die Stiele klein schneiden. Die Zwiebeln, Knoblauch und Kräuterstiele mit dem Rapsöl 3 Minuten andünsten und mit Weißwein, idealerweise vom Kaiserstuhl, ablöschen. Anschließend die Gemüsebrühe dazugeben und ca. 10 Minuten leicht köcheln lassen. Mit dem Stabmixer pürieren. Muskatellerwein und Maisstärke anrühren und dazugeben. Alles durch ein Sieb geben und mit der Sahne, Salz, Pfeffer, Kürbiskernöl und den restlichen gehackten Kräuterblättern abschmecken.

TIPP Am besten schmecken ein Walnussbrot und ein leichter Riesling dazu.

ZUTATEN Spätzlesuppe

1000 ml Spätzle-Sud
100 ml Weißwein
1 gehackte Zwiebel
Salz/Pfeffer
1 Msp. gemahlener Koriander und Muskatnuss
etwas Kurkumapulver
125 ml Weizenkeimöl
1 EL Maisstärke
1 rote gewürfelte Spitzpaprika
1 Bund Schnittlauch

4

20 MIN

ZUBEREITUNG Spätzlesuppe

In der Hälfte des Weizenkeimöls die Zwiebeln andünsten und mit Weißwein ablöschen, anschließend mit dem Spätzle-Sud etwas einköcheln lassen. Die Maisstärke mit Wasser anrühren, in die Suppe geben und aufkochen lassen. Mit den Gewürzen und dem restlichen Öl abschmecken. Falls die Suppe etwas zu dick ist, noch ein wenig Sud dazugeben. Vor dem Anrichten die Paprikawürfel in die Suppe geben und den frischen Schnittlauch darüber streuen.

TIPP Es bietet sich hervorragend an, die Suppe zu kochen, nachdem unsere Amaranthspätzle zubereitet wurden. So kann der wertvolle Sud mit den wichtigen Inhalts- und Geschmacksstoffen von den zuvor gekochten Spätzle verwendet werden.

Quinoa-Gemüsesuppe

asiatisch mit Kurkuma

Eine Suppe aus dem Wunderkorn der Inkas. Mineralstoffhaltig und vollwertig, so haben wir es gern.

ZUTATEN

3 EL Olivenöl
100 g geschrotete Quinoa
Saisongemüse, klein geschnitten
(¼ Blumenkohl, ¼ Kohlrabi, 2 Karotten,
¼ Sellerie)
1 gewürfelte Zwiebel
1500 ml Gemüsebrühe
100 ml Riesling
gehackte Kräuter
Gewürze: gemahlener Koriander, Salz,
gemahlene Kurkuma, grüner Curry
1 EL Ahornsirup
50 g Sauerrahm

4

25 MIN

ZUBEREITUNG

In einem Topf das Olivenöl, Zwiebeln und das klein geschnittene Gemüse etwa 5 Minuten andünsten. Die grob geschrotete Quinoa kurz mitanrösten und die verschiedenen Gewürze dazugeben. Anschließend mit Riesling und Gemüsesud auffüllen und ca. 30 Minuten köcheln lassen.

Am Schluss kann die Suppe mit 50 g Sauerrahm verfeinert und mit frischen Kräutern servieren werden.

Charlys Tipp

Kurkuma verleiht nicht nur Suppen eine schöne gelbe Note und einen abwechslungsreichen Geschmack.

Nordic Walking mit Aussicht

Unterwegs in Breitnau

„Nordic Walking kann zur Leidenschaft werden. Nordic Walking ist für mich eine richtige Leidenschaft geworden. Regelmäßig ziehe ich mit meinen Stöcken für eine Trainingseinheit hinaus in die Natur, direkt von unserem Seminarhotel „Sonnenhof“ in Hinterzarten aus.

Ich bin Ausdauersportler durch und durch. Doch mir geht es mittlerweile nicht mehr um Höchstleistungen, viel mehr um die gesundheitlichen Aspekte der sportlichen Betätigung. Die gleichmäßigen Bewegungen beim Nordic Walking bringen das Herz-Kreislauf-System in Schwung. Der Stoffwechsel wird angeregt, die Muskulatur gekräftigt. Und ganz nebenbei: Beim Nordic Walking draußen in der Natur hole ich mir viel Kraft für den Alltag.

Beim Nordic Walking-Gipfel in Breitnau versuche ich als Organisator der Veranstaltung den Teilnehmern immer das Schönste zu zeigen, was Breitnau und die Umgebung zu bieten haben. Auf über 1000 Metern über dem Meeresspiegel habe ich da zum Glück die Qual der Wahl: Traumhafte Ausblicke öffnen sich in alle Himmelsrichtungen.

Zu meinen Lieblingsstrecken gehören der Wirbstein und die Ravennaschlucht. Dorthin führt auch der Nordic Walking-Gipfel in Breitnau. Die kürzere Runde über 8 Kilometer ist nur leicht kupiert und so geradezu ideal für Anfänger geeignet. Die beiden längeren Strecken (12 Kilometer und 16 Kilometer) fordern mehr, bieten aber auch umso mehr Panorama zum Genießen. Auf der 16-km-Strecke führt ein Abstecher zum „Piketfelsen“ mit Aussicht ins Höllental und über die Fernhöhe. Bevor es wieder zurück in den Ort geht, wartet noch eine Belohnung: ein herrlicher Blick nach Sankt Märgen und Sankt Peter mit dem Kandel.“

Bleibt fit, Euer Charly

Ausrüstung
Ein guter Nordic Walking-Stock sollte sehr leicht sein und nur wenig vibrieren. Die spezielle Handschlaufe ist wichtig; sie gewährt eine sichere Führung. Ich laufe seit Jahren mit „One Way Sport“.

Nordic Walking-Gipfel Breitnau
Die genauen Streckendaten stehen auf der Webseite der Ski-Zunft Breitnau unter: www.sz-breitnau.de

Startpunkt
Nordic-Sportpark beim
BASF-Heim in Breitnau

Strecken
● 8 km | ● 12 km | ● 16 km
(jedes Niveau)

Einkehren
Naturfreundehaus ●
Gasthof zum Löwen ●●●

Special
Badeparadies Schwarzwald
Relaxen nach der Tour

Rohkostsalat der Saison

mit rotem Linsendressing oder Sandorn-Avocado-Dressing

Rohes Gemüse ist der beste Spender von Vitaminen, Mineralstoffen und Spurenelementen. Durch jegliche Art des Garens werden Teile dieser wichtigen Inhaltsstoffe zerstört und um ein Vielfaches verringert. Doch was passt alles in einen leckeren Rohkostsalat?

Die besten Gemüse für Rohkostsalate sind frische dunkle Champignons, Staudentomaten, Gurken, Radieschen oder Rettiche, Karotten, Sellerie, Fenchel, Kohlrabi, grüner Spargel, Erbsenschoten, Lauchzwiebeln, rote Zwiebeln, Hokkaido-Kürbis, verschiedene Arten von Paprika und Chilis sowie die Blüten vom Broccoli. Außerdem gehören in einen Salat natürlich auch verschiedene Keimlinge, Samenkerne und alle Arten von frischen Kräutern.

ZUTATEN Rotes Linsendressing

1 EL Dijonsenf
1 EL Hagebuttengelee
1 zerdrückte Knoblauchzehe
200 ml Weißweinessig oder Apfelessig
4 EL Olivenöl
5 EL Sonnenblumenöl
Salz/Pfeffer
5 EL rote Linsen
250 ml Gemüsefond

8 Personen · 10 MIN

ZUBEREITUNG Rotes Linsendressing

Die roten Linsen mit dem Gemüsefond 30 Minuten gar kochen und anschließend lauwarm abkühlen lassen. Den Senf, das Hagebuttengelee und den Knoblauch verrühren, mit Salz und Pfeffer würzen. Essig dazugeben und langsam die Öle darunter rühren. Jetzt die Linsen unter das Dressing mischen und alles mit dem Stabmixer pürieren.

ZUTATEN Sandorn-Avocado-Dressing

1 EL Dijon Senf
1 EL Sandorngelee
2 zerdrückte Knoblauchzehen
1 sehr reife Avocado
200 ml weißer Balsamicoessig
100 ml Kürbiskernöl
200 ml Sonnenblumenöl
Salz/Pfeffer

8 Personen · 10 MIN

ZUBEREITUNG Sandorn-Avocado-Dressing

Den Senf und das Sandorngelee mit dem Knoblauch verrühren und mit Salz und Pfeffer würzen, anschließend den Essig und die Öle dazu rühren. Die reife Avocado mit dem Stabmixer darunter pürieren. Sollte das Dressing zu dick werden, einfach mit Gemüsebrühe verdünnen. Nach dem Anrichten noch geröstete Kürbiskerne, Pinienkerne, Sonnenblumenkerne, Sesam, Walnuss und Haselnusskerne darüberstreuen.

Spargel-Erdbeer-Salat

mit Walnussöldressing

Während im Schwarzwald noch die letzten Schneereste schmelzen, wird im Rheintal bereits der erste Spargel geerntet. Am 24. Juni findet übrigens zeitgleich mit dem Johannistag auch das Ende der Spargelsaison statt.

ZUTATEN

Salat:

500 g weißer Spargel, geschält
500 g grüner Spargel, nur unten schälen
½ zerdrückte Knoblauchzehe
1 Hand frische Erbsenschoten
10 Erdbeeren
1 kleiner Bund Schnittlauch
2 EL Olivenöl
2–3 l Spargelsud, wird aus den Schalen mit Zitronensaft und etwas Zucker gekocht

Dressing:

1 TL Dijonsenf
1 TL Quittengelee
Salz/Pfeffer
¼ reife gestückelte Avocado
3 EL Sherryessig
3 EL Walnussöl

4 · 35 MIN

ZUBEREITUNG

Für den Salat den weißen Spargel im Spargelsud ca. 3–4 Minuten köcheln, dann abkühlen lassen. Den grünen Spargel und die Erbsenschoten in ca. 3 cm lange Stücke schneiden und mit Oliven und Knoblauch in einer Pfanne ca. 8–10 Minuten leicht anbraten. Der Spargel darf ruhig etwas Farbe annehmen. Alles in der Pfanne abkühlen lassen. Die Erdbeeren in Scheiben schneiden. Den kalten weißen Spargel in 3 cm lange Stücke schneiden und alles andere miteinander vermischen.

Für das Dressing Senf und Quittengelee mit Salz, Pfeffer, Sherryessig glattrühren, langsam das Walnussöl unterrühren, dann die Avocadostücke dazugeben und mit einem Stabmixer pürieren. Falls das Dressing zu dick ist, mit etwas Gemüsesud verdünnen.

Als krönender Abschluss das Dressing über den Salat gießen und gleich mit frischem Schnittlauch bestreuen.

Tipp

Dazu passen hervorragend ganz dünn geschnittener Schwarzwälder Schinken und Bauernbrot.

Das Schwarzwälder Skimuseum

Eintauchen in die lange Skigeschichte des Schwarzwaldes

Den Schritt in die Geschichte des Schwarzwälder Skisports hat Benedikt Doll schon geschafft. Besonders fesch sogar in einem traditionellen Skianzug. Lederne Skischuhe, Stoffhose, Jackett und Hut, so war es zu Beginn des Skisports im Schwarzwald üblich. Posiert hat Benni dafür im Schwarzwälder Skimuseum im „Hugenhof" in Hinterzarten, hier kann auch Bennis Goldmedaille von den Weltmeisterschaften 2017 in Hochfilzen bestaunt werden.

Der Skisport-Karriere von Georg Thoma ist ein eigener Raum im Skimuseum gewidmet, die Georg-Thoma-Stube. Der heutige Ehrenbürger von Hinterzarten war 19 Mal Deutscher Meister und wurde Olympiasieger 1960 in Squaw Valley (USA) in der Nordischen Kombination. Zu sehen sind unter anderem Thomas Gold-Ski.

Seit dem Jahr 2018 hat das Skimuseum auch einen eigenen Raum für Thomas Erben: Dort können die Besucher die Erfolge unter anderem von Fabian Rießle, Team-Olympiasieger in der Nordischen Kombination, Skilangläuferin Sandra Ringwald und eben Benedikt Doll noch einmal miterleben.

Daneben bietet das Skimuseum Einblicke in die Entwicklung der Skimode und in die Herstellung der winterlichen Sportgeräte vom alten Holzski bis zum modernen Snowboard. Der Feldberg präsentiert sich als touristisches Zentrum des Wintersports in der Region und auch die Skivereine aus dem Schwarzwald sind vertreten.

Der „Hugenhof" ist selbst ein Zeitzeuge Schwarzwälder Geschichte. 1446 wurde er errichtet und 1788 nach einem Brand neu aufgebaut. Seit 1997 hat in dem historischen Bauernhof der Skisport des Schwarzwaldes eine historische Heimat gefunden.

Wo das Schwarzwälder Skimuseum zu finden ist:
Im „Hugenhof" in der Erlenbrucker Straße 35 in Hinterzarten

Öffnungszeiten:

Dienstag, Mittwoch und Freitag:	14:00 – 17:00 Uhr
Samstag, Sonntag und Feiertags:	12:00 – 17:00 Uhr

Einkehren:
Im Schwarzwälder Skimuseum gibt es nach dem Gang durch die heimische Skigeschichte ein Café zum Verweilen.

BENNIS TIPP Das urige Skimuseum kann man auch für Veranstaltungen und Feste mieten.

Agaven-Leinöl-, Bärlauch-Pesto- und Kartoffeldressing

mit hochwertigen Ölen

Im Winter kann man gerne auf gefrorene Kräuter zurückgreifen. Am besten hat man vorgesorgt und Kräuter im Herbst eingefroren. Saisonkräuter = alles, was gerade im Kräutergarten wächst.

ZUTATEN Agaven-Leinöl-Dressing

1 EL Dijonsenf
2 EL Agavendicksaft
1 gewürfelte Zwiebel
gehackte Saisonkräuter
200 ml Apfelessig
100 ml Sonnenblumenöl
100 ml Leinöl
100 ml Gemüsesud
Salz/Pfeffer

8

10 MIN

ZUBEREITUNG Agaven-Leinöl-Dressing

Senf und Agavendicksaft gut miteinander verrühren, Salz und Pfeffer sowie die Zwiebeln und die Kräuter dazugeben. Mit Essig und Gemüsesud verrühren und am Schluss die Öle mit dem Stabmixer darunter quirlen bis das Dressing cremig ist.

ZUTATEN Bärlauch-Pesto-Dressing

2 EL Bärlauch-Pesto
1 EL Senf
1 EL Honig
1 gewürfelte Zwiebel
gehackte Saisonkräuter
200 ml Kräuteressig
300 ml Olivenöl
100 ml Gemüsesud
Salz/Pfeffer

8

10 MIN

ZUBEREITUNG Bärlauch-Pesto-Dressing

Zuerst die Zwiebelwürfel in etwas Öl andünsten und dann abkühlen lassen. Das Pesto, den Senf und den Honig dazugeben und gut verrühren. Mit Salz und Pfeffer würzen, dann den Essig dazugeben und langsam das Olivenöl unterrühren. Damit die Sauce abbindet eventuell mit dem Stabmixer kurz aufschlagen. Sollte das Dressing zu dick sein etwas Gemüsesud darunter rühren und nochmals abschmecken.

ZUTATEN Kartoffeldressing

3 mittelgroße Kartoffeln
1 gewürfelte Zwiebel
gehackte Saisonkräuter
1 EL Dijonsenf
1 EL Hagebuttenmarmelade
200 ml Kräuteressig
150 ml Sonnenblumenöl + 150 ml Rapsöl
500 ml Gemüsesud
Salz/Pfeffer

8

10 MIN

ZUBEREITUNG Kartoffeldressing

Kartoffeln schälen, würfeln und im Gemüsesud garkochen. Der Gemüsesud kommt nachher mit ins Dressing. Den Senf, die Marmelade und die Zwiebelwürfel verrühren, danach Essig dazugeben und glattrühren. Nach und nach das Öl unterrühren, die gekochten, abgekühlten Kartoffeln mit Sud dazugeben und alles mit dem Stabmixer pürieren. Mit den Kräutern, Salz und Pfeffer würzen.

Mountainbiken am Feldberg

Panorama so weit das Auge reicht

„Jetzt wird es knackig. Ich lade Euch ein mit mir auf dem Mountainbike durch den Hochschwarzwald, entlang von vier Seen rund 68 Kilometer weit und bis auf 1196 Höhenmeter hinauf, in die Pedalen zu treten: Willkommen zur Hochschwarzwälder Vier-Seen-Tour! Sie ist anspruchsvoll, aber dafür sehr abwechslungsreich.

Am Bahnhof Seebrugg, dem fast 100 Jahre alten Endbahnhof der Dreiseenbahn, beginnt die Tour. Vorbei an der mächtigen Staumauer des größten Sees im Schwarzwald führt der Weg auf dem südlichen Ufer entlang. Erstes Etappenziel ist der Schluchsee-Ortsteil Aha; der heißt tatsächlich so.

See Nummer eins auf der Tour liegt hinter uns, der zweite vor uns: Der Windgfällweiher ist unsere Wegmarke auf der Weiterfahrt nach Altglashütten. Von dort ist es nicht mehr allzu weit bis Bärental, dem Ort mit dem höchst gelegenen Bahnhof in Deutschland. Das Naturschutzgebiet Seebachtal ist die Verbindung zum idyllisch gelegenen Feldsee, dem dritten See auf unserer Runde.

Ein längerer Anstieg und wir haben das Hochplateau am Rinken erreicht; wir sind nun auf 1196 Metern, also über 250 Meter höher als beim Start in Seebrugg. Es geht nun bergab; das haben wir uns verdient. Und außerdem: der vierte See wartet. Haben wir Alpersbach passiert, kommt schon Hinterzarten näher, mein Heimatort. Weiter gelangen wir entlang des Hochmoors nach Titisee. Die Seepromenade bis zum südlichsten Punkt des Titisees lädt ein zum Rasten und Bummeln.

Schon bald wartet der letzte lange Anstieg hinauf nach Bärental. Weiter geht es über Altglashütten und vorbei am Windgfällweiher zurück zum Schluchsee. Diesmal nehmen wir die Nordseite und kommen so durch die Gemeinde Schluchsee wieder nach Seebrugg, unserem Start- und Zielpunkt."

Euer Benni

BENNIS TIPP

Bei unterschiedlicher Leistungsstärke empfehle ich für die schwächeren Fahrer E-Bikes. So macht die Tour allen Spaß und überfordert niemanden.

Startpunkt
Bahnhof Seebrugg
(932 Meter über NN)

Strecke
68 km | 893 Hm
anspruchsvolle Tour

Einkehren
Raimartihof
am Feldsee

Special
Gipfeltrail Hochschwarz-
wald: 140 km Trails

Vegetarisches und Fischgerichte

Kürbispudding
auf Rote Bete-Sauce

Die Rote Bete (südbadisch auch Rahner) hat einen super Ruf unter uns Sportlern. Der hohe Gehalt an Vitamin B, Kalium, Eisen und vor allem Folsäure macht es zu einem richtig gesunden Gemüse.

ZUTATEN

Pudding:
400 g Kürbisfleisch
100 g Gemüsebrühe
50 g Weißwein
2 Eier
100 g Sauerrahm
½ gehackte Knoblauchzehe
2 EL Olivenöl
1 Msp. Kreuzkümmel
1 Msp. Curry
Salz/Pfeffer

Sauce:
1 gekochte Rote Bete
½ gewürfelte Zwiebel
2 EL Sonnenblumenöl
100 g Gemüsebrühe
50 g Weißwein
50 g Sahne
Salz/Pfeffer

4 · 35 MIN

ZUBEREITUNG

Den Kürbis in kleine Stücke schneiden, mit dem Olivenöl und dem gehackten Knoblauch andünsten. Anschließend mit Weißwein ablöschen, mit der Gemüsebrühe auffüllen und ca. 15 Minuten köcheln lassen. Gewürze dazugeben, mit dem Mixer pürieren und abkühlen lassen. Eier und Sauerrahm dazugeben und in kleine Förmchen füllen. Die Förmchen in eine Wanne mit 1 cm lauwarmen Wasser stellen und alles im vorgeheizten Ofen bei 150 °C ca. 45 Minuten garen lassen.

Die Rote Bete klein schneiden und mit den Zwiebeln und Öl etwas andünsten. Dann mit Weißwein ablöschen und in der Brühe ca. 10 Minuten köcheln lassen. Anschließend die Sahne dazugeben und mit Salz und Pfeffer würzen. Nach Belieben kann etwas Korianderpulver hinzugegeben werden. Alles mit dem Stabmixer pürieren. Zum Anrichten die Sauce auf einen Teller geben und dann den Kürbispudding darauf stürzen. Am Schluss mit Kräutern dekorieren.

Training UND gutes Essen machen den Weltmeister!

Tofu-Medaillons
auf orientalischem Gemüse

Tofu ist ein toller Fleischersatz, jedoch hat er wenig Eigengeschmack. Das bedeutet, wir brauchen viele geschmackvolle Zutaten wie in diesem orientalisch angehauchten Gericht.

ZUTATEN

Tofu-Medaillons:
500 g Tofu
30–40 g feine Haferflocken
1 Handvoll Gemüsewürfel von Wurzelgemüse
gehackte Saisonkräuter
1 Ei
Salz/Pfeffer
1 gehackte Knoblauchzehe
2 EL Olivenöl

Gemüse:
3 Paprikas: rot, gelb, grün
2 Zucchini
1 Aubergine oder grüne Böhnchen
1 Chilischote
250 ml Gemüsebrühe
250 ml Kokosmilch
2 EL Olivenöl
1 zerdrückte Knoblauchzehe
10 g Stärkemehl (Mondamin)
2 EL Weißwein

Gewürze (gemahlen oder frisch):
Salz/Pfeffer
Paprika, Koriander, Ingwer, Curry, Kurkuma, Kreuzkümmel
Chilifäden oder Chilischote (nach Belieben)
1 EL Honig
1 EL Senf

ZUBEREITUNG

Für die Tofu-Medaillons zuerst die Gemüsewürfel und den Knoblauch mit Olivenöl 5 Minuten andünsten und abkühlen lassen. Tofu durch den Fleischwolf drehen, das gedünstete Gemüse, die Kräuter, das Salz, den Pfeffer, die Haferflocken und das Ei gut mit der Tofu-Masse verrühren, in Taler formen und in einer beschichteten Pfanne mit etwas Olivenöl braten.

Das Gemüse in ca. 2 cm große Stücke schneiden, Knoblauch mit Olivenöl und dem Gemüse andünsten. Im Anschluss sämtliche Gewürze dazugeben, kurz andünsten, mit der Gemüsebrühe und Kokosmilch auffüllen und ca. 10 Minuten leicht köcheln lassen. Das Stärkemehl mit dem Weißwein anrühren und damit die Sauce etwas eindicken. Abschmecken, anrichten und mit Chilifäden dekorieren.

Broccoli-Erbsenküchle

goldbraun und knusprig

Dank des hohen Eiweißgehalts sind die Broccoli-Erbsenküchle ein super Gericht für Vegetarier.

ZUTATEN

1 Broccoli
1 Hand frische Erbsen (auch gefroren)
¼ Stange Lauch
5 geröstete und gehackte Walnusskerne
frische Saisonkräuter
4 Eier
Salz/Pfeffer
30 g Grünkernmehl
30 g Mehl aus roten Linsen
30 g Amaranthmehl
Öl zum Braten

6 | 30 MIN

ZUBEREITUNG

Broccoli, Erbsen und Lauch in einem Mixer ganz fein hacken. Die drei Mehle, die Eier und die Nüsse sowie die Kräuter unterarbeiten und mit Salz und Pfeffer abschmecken. Aus der Masse kleine Taler à 100 Gramm formen und in einer Pfanne mit Öl ausbraten. Am besten schmecken die Küchle frisch und knusprig aus der Pfanne. Die Taler kann man auch super einfrieren. Dazu die Taler nur kurz anbraten, abkühlen lassen und dann einfrieren. Zum Auftauen einfach in die Pfanne legen und bei mittlerer Hitze fertig braten. Sehr gut passt eine Tomaten-Zwiebel-Kräutersauce dazu.

Charlys Tipp

Eine eigene Mühle ist bei diesem Rezept goldwert. Wer nicht die nötigen Mehlsorten zur Verfügung hat, kann auch variieren.

Benni kocht ...

... bei Olympia Bibimbap

„Davon hatte ich schon seit meinen Kindertagen geträumt, als ich mit meinen ersten Ski im tiefen Winter des Schwarzwaldes durch den Schnee gestapft bin: von einer Medaille bei den Olympischen Spielen.

Bei den Winterspielen 2018 in Pyeongchang ging dann endlich dieser Kindheitstraum in Erfüllung: Und ich gewann dort nicht nur eine olympische Medaille, sondern gleich zweimal Bronze.

Nachdem ich mir im Sprintrennen als Sechster eine gute Ausgangsposition erarbeitet hatte, hatte ich am Ende des „Verfolgers" die Bronzemedaille sicher – hinter dem Ausnahme-Biathleten Martin Fourcade aus Frankreich und dem starken Schweden Sebastian Samuelson. Und auch mit der deutschen Staffel schafften wir den ersehnten Sprung auf das Siegerpodest: Gemeinsam mit Erik Lesser, Arnd Peiffer und Simon Schempp holte ich nach einem spannenden und hart umkämpften Wettkampf meine zweite Bronzemedaille.

Um solche Träume erfüllen zu können, sind viele Dinge wichtig. Viele kleine Steinchen müssen sich am Ende zu einem ansehnlichen Mosaik zusammenfügen. Für mich ist neben dem Training vor allem die gesunde Ernährung ein wichtiger Schlüssel zu meinem Erfolg. Mit einer sehr abwechslungsreichen Ernährung hole ich mir die nötigen Mikronährstoffe, um Höchstleistungen, wie die bei den Olympischen Winterspielen, möglich machen zu können.

Kochen ist so, neben dem Biathlon, zu meiner zweiten Leidenschaft geworden. Da lag es auf der Hand, mich während unserer Zeit in Südkorea selbst auch an den Herd zu stellen. Zumal uns dort EDEKA als Partner des Olympia Team Deutschlands mit leckeren Energielieferanten versorgte.

Im Deutschen Haus kochte ich „Bibimbap by Benni". Das ist ein beliebtes koreanisches Gericht, das mit Reis und verschiedenen Gemüsesorten, etwas Rindfleisch oder Tofu, einem rohen oder gebratenem Ei sowie einer Chilipaste zubereitet wird. Und was soll ich sagen: „Bibimbap by Benni" war der Renner ... und schmeckte nicht nur der deutschen Rodel-Legende Georg Hackl, dem Hackl Schorsch, vorzüglich."

Euer Benni

adidas

GERMANY

GERMANY
adidas
PyeongChang 2018
6
PyeongChang 2018
4 2
PyeongChang 2018
6

GERMANY
adidas
ERMANY
ERMANY
GERMANY
adidas
ERMANY
ERMANY
6
7

Forellen-Maultäschchen

mit Sauerampfersauce

Maultaschen sind zwar eine typische Spezialität der schwäbischen Küche, aber auch bei uns in Baden sehr willkommen. In unserem Kochbuch bekommen sie daher auch einen Platz. Die Füllung ist natürlich alles andere als typisch.

ZUTATEN

Maultaschen:
500 g Nudelteig
500 g Hechtfilet ohne Haut und Gräten
250 g Forellenfilet ohne Haut
50 ml Riesling, natürlich aus Baden
50 ml Sahne
150 g Crushed Ice
1 TL Pernod
15 g Salz
Pfeffer aus der Mühle

Sauce:
3 EL Distelöl
1 gewürfelte Zwiebel
20–30 Blätter Wiesensauerampfer oder Dill
100 ml Riesling
100 ml Gemüsebrühe
100 ml Sahne
Salz/Pfeffer
4–5 Safranfäden
10 g Stärkemehl (Mondamin)

ZUBEREITUNG

Für die Maultaschen die Fischfilets in sehr kleine Stücke schneiden und mit dem Crushed Ice, Salz und Pfeffer in einem Zerkleinerer 2 Minuten mixen, bis die Masse gleichmäßig cremig wird. Nun Weißwein, Pernod und Sahne dazugeben, nochmals ca. 30 Sekunden mixen und die Masse kaltstellen. Den Nudelteig auf dem Tisch ausrollen und für die Deckplatte halbieren. Die Fischmasse mit einem Spritzbeutel in ca. 3–4 cm Abstände auf die Grundnudelplatte aufspritzen. Die Zwischenräume mit einem nassen Pinsel etwas anfeuchten, die Deckplatte darüberlegen und mit dem Finger beide Platten an den Zwischenräumen fest andrücken.

Im Anschluss gut mit Mehl bestäuben, mit einem Pizzarad ausstechen und alles etwas ruhen lassen. In einem leicht gesalzenen Sud oder Fond kurz aufkochen und ca. 5 Min. bei geringer Hitze ziehen lassen.

Für die Sauerampfersauce die Zwiebelwürfel mit dem Distelöl und den gehackten Stielen des Sauerampfers in einem Topf andünsten und mit Riesling sowie der Gemüsebrühe auffüllen. Anschließend mit Safran, Pfeffer und Salz würzen und etwas einköcheln lassen. Stärkemehl mit etwas Brühe anrühren, zum Abbinden der Sauce kurz mit aufkochen lassen und dann die Sahne dazugeben.

Die Sauce über die angerichteten Maultaschen geben und mit in feine Streifen geschnittenen Sauerampfer-Blättern bestreuen.

Gemüse-Carbonara

für alle, die Pasta lieben

Der Klassiker aus Italien als vegetarische Variante neu interpretiert.

ZUTATEN

2 Karotten
1 Lauchstange
½ Broccoli
1 Zucchini
1 Fenchel
1 rote Zwiebel
Salz/Pfeffer
Koriander
4–6 Eier
200 ml Milch
50 g geriebener Parmesan
2 Bund Schnittlauch
80 ml Olivenöl
2 gehackte Knoblauchzehen
500 g Spaghetti oder andere Nudeln

ZUBEREITUNG

Das Gemüse in ganz feine Würfel schneiden. Während die Nudeln in reichlich Wasser mit etwas Salz al dente kochen, werden in einer Pfanne oder einem Topf die Gemüsewürfel mit Olivenöl, Knoblauch und Zwiebeln angebraten und mit Salz und Pfeffer abgeschmeckt. Sind die Nudeln fertig, diese kurz abtropfen lassen und in die Pfanne zum Gemüse geben. Bei schwacher Hitze nochmals alles erwärmen. Jetzt die Eier aufschlagen, mit der Milch vermengen und dann mit den Nudeln verrühren.

Die Gemüse-Carbonara nochmals ca. 3 Minuten bei ganz milder Hitze erwärmen und den Parmesan und den Schnittlauch unterrühren. Sofort servieren.

Charlys Tipp

Die Kunst besteht darin, den optimalen Zeitpunkt zum Servieren zu erwischen. Zu früh, dann ist das Ei noch zu flüssig, zu spät, dann wird das Gericht zu trocken.

Pfannkuchen mit Linsen-Kürbismehl

und gebratenem Gemüse

Bennis Favorit nach einer harten Trainingseinheit. Ein toller Energiemix, der einfach und schnell zubereitet ist.

ZUTATEN

Pfannkuchenteig:
180 g Dinkelmehl
25 g rotes Linsenmehl
25 g Kürbiskernmehl
25 g Amaranthmehl
200 ml Milch
3 Eigelb
3 Eiweiß (zu Schnee schlagen)
Salz/Pfeffer
Muskat
Koriander
4 EL Olivenöl

Füllung:
1 kleiner Bund Frühlingslauch
½ rote Zwiebel
2 Knoblauchzehen
½ Radicchio
2 Handvoll Rucola
4 Champignons
1 Kugel Mozzarella

2-3 · 15 MIN

ZUBEREITUNG

Alle Mehlsorten, am besten frisch gemahlen, vermischen und mit der Milch glattrühren. Die gemahlenen Gewürze dazugeben und das Eigelb unterrühren. Nebenbei das Eiweiß zu Schnee schlagen und erst kurz vor dem Backen locker unter die Masse heben.

Die Zutaten für die Füllung in feine Stückchen schneiden.

Das vorbereitete Gemüse und die Salatblätter mit dem Olivenöl, den Zwiebeln und dem Knoblauch kurz in einer großen Pfanne andünsten und mit Salz und Pfeffer schwach würzen. Nun wird der Pfannkuchenteig darüber gegeben und kurz mitgebraten. Danach in den vorgeheizten Ofen bei 180 °C Umluft schieben und 5 Minuten anbacken. Dann am besten mithilfe eines Deckels oder einer Platte wenden und auf die gewendete Seite die Mozzarella Stückchen legen. Nochmals bei 180 °C ca. 5–8 Minuten im Backofen backen. Anschließend auf den Tellern anrichten, eventuell noch ein paar frisch gehackte Kräuter darüberstreuen und genießen!

Auch beim Chef klappt's nicht immer

Charlys Glühlachs
vom offenen Feuer

Gelernt hat Charly diese Art der Zubereitung in Kuusamo in Finnland. Die Finnen machen in der Zeit während der Lachs am Feuer geräuchert wird noch zwei bis drei Saunagänge.

ZUTATEN

1 ganze Seite Lachsfilet (ca. 1 kg)
Salz
Zitronenpfeffer

Geräte:
Holzbrett (20 x 60 cm)
Holznägel oder Maschendraht
Holzscheite für das Feuer
Feuerstelle

Wir genießen den Glühlachs immer in unserem original finnischen Saunadorf im Sonnenhof.

ZUBEREITUNG

Das entgrätete Lachsfilet mit der Hautseite auf das Brett legen. Den Lachs mit Salz und Zitronenpfeffer gut bestreuen. Nun mit einem spitzen Messer mit ca. 1 cm Abstand zur Außenseite durch den Lachs in das Holzbrett stechen. Das Messer wieder herausziehen und in die Einstichstelle einen Holznagel klopfen bis er fest ist. Das Ganze auf jeder Lachsseite mit ca. 6-8 Nägel befestigen. Der Lachs muss ganz fest am Holz anliegen. Sind keine Holznägel vorhanden, empfehle ich Maschendraht, der mit einem Tacker an den Seiten befestigt wird. Nun wird in der Feuerstelle ein offenes Feuer gemacht, das aber immer nur ganz leicht vor sich hinbrennen sollte. Das Brett nun mit der Lachsseite gegen das Feuer stellen und den Abstand zwischen Flammen und Lachsfilet so wählen, dass die Hand dazwischen passt und es nicht zu heiß wird. Alle 20-30 Minuten das Brett von oben nach unten umdrehen. Die Mindestdauer bei einer ca. 1 kg schweren Lachsseite beträgt ca. 2-2,5 Stunden. Danach den Lachs auf einen Tisch legen, von allen Befestigungen lösen und die Fischstücke ohne Haut servieren. Am besten schmeckt eine Folienkartoffel mit Schnittlauch-Quark dazu.

TIPP Das Gericht ist ein besonderer Hingucker und daher perfekt für ein außergewöhnliches Grillfest.

Gorgonzola-Broccoli-Quiche

mit Weintrauben

Die Kombination von Zwiebelkuchen und Federweißer (bei uns „Neuer Süßer") passt super und lieben wir. Wer aber nach einer Alternative zum Zwiebelkuchen sucht, findet sie hier.

ZUTATEN

Teig (Springform Ø 32 cm):
200 g Mehl
100 g Margarine
1 Prise Salz
50 g eiskaltes Wasser

Füllung:
700–800 g Broccoli
1 zerdrückte Knoblauchzehe
100 ml Gemüsesud
2 EL Olivenöl
Salz/Pfeffer
250 g Gorgonzola
150 g Sauerrahm
3 Eier
2 EL Dinkelmehl
250 g kernlose Weintrauben
gemahlener Koriander
gemahlene Muskatnuss

8 · 30 MIN

ZUBEREITUNG

Die Zutaten für den Teig gut miteinander verkneten und 1 Stunde in den Kühlschrank legen. Nun den Teig mit Mehl ca. 4 mm dick ausrollen und danach in einer gefetteten runden Springform auslegen. Der Rand sollte 4 cm hoch sein und gut festgedrückt werden.

Für die Füllung Broccoli in 2 cm große Stücke schneiden, mit Olivenöl und Knoblauch bei schwacher Hitze etwas andünsten und mit Salz, Pfeffer, Muskat und Koriander würzen. Anschließend mit dem Gemüsesud ablöschen, etwa 10 Minuten leicht dünsten und abkühlen lassen. Den Gorgonzola in kleine Würfel schneiden, Käse und Mehl zur abgekühlten Masse dazugeben und alles gut vermischen. Jetzt den Sauerrahm und die Eier darunter geben, nochmals abschmecken und eventuell nachwürzen. Das Ganze in die Form geben und die Weintrauben gut eindrücken. Anschließend bei 200 °C im Backofen ca. 10 Minuten anbacken und danach bei 150 °C ca. 25 Minuten fertig backen.

Schneeschuhwandern am Feldberg

Eintauchen in eine andere Welt

Die erste Spur, früh am Morgen, kalte Luft, klare Gedanken: ein Wintertraum. Wer als Erster seine Spur in den unberührten Schnee ziehen will, sollte früh aufstehen. Wir schnallen gerne schonmal gleich nach dem Frühstück die Schneeschuhe an und hinaus geht es, die Natur abseits der befestigten Wege und Loipen genießen.

Traumhafte Winterlandschaften laden zu Schneeschuhwanderungen auf ausgewiesenen Trails in den Hochschwarzwald ein. Tolle Weitblicke sind dabei zu erleben. Wir empfehlen die Gipfeltour auf den Feldberg, die uns auf eine Höhe von 1493 Metern und den höchsten Gipfel im Schwarzwald führt. Ein echtes Highlight!

Die Schneeschuhwanderung hinauf zum Feldberg-Gipfel ist durchaus anspruchsvoll und 7,6 Kilometer lang. Sie beginnt am Haus der Natur und führt über einen wunderschönen Aufstieg durch den Wald zunächst hinauf zum „Seebuck". Das ist die zweithöchste Erhebung des Feldbergs. Beim Abstieg ins „Grüble" können wir etwas verschnaufen. Doch der knackige Aufstieg zum nächsten Gipfel, dem „Baldenwegerbuck", lässt nicht lange auf sich warten, eine schöne Herausforderung. Oben angekommen, ist die höchste Erhebung des Feldbergs nicht mehr weit. Willkommen am „Zastlerbuck". Dort bietet sich bei gutem Wetter und Föhnwind ein herrlicher Rundblick weit über den Schwarzwald hinaus bis zu den Alpen. Der Weg nach unten ins Tal führt über die St. Wilhelmer Hütte und die Todtnauer Hütte hinab zum Ausgangspunkt.

Richtig Spaß haben wir, wenn viel Schnee liegt. Dann lassen wir es bergab einfach laufen. Kommt man mit den Schritten nicht mehr nach, ist die Landung bestimmt weich.

GEFÜHRTE SCHNEESCHUHTOUREN

Touren werden ab Ende Dezember täglich vom Haus der Natur angeboten. www.naz-feldberg.de

SCHWARZWALDCARD

Mit der SchwarzwaldCard bei freiem Eintritt über 140 Attraktionen genießen.

Startpunkt
Haus der Natur, Feldberg
(Parkplätze vorhanden)

Strecke
2:30 Std. | 263 Hm
schwere Tour

Einkehren
St. Wilhelmer Hütte
Todtnauer Hütte

Schneeschuhtrails
Pink ausgeschildert.
Nicht verlassen, um
Tiere nicht zu stören.

Spargel-Flammkuchen

Genau das Richtige in der Spargelzeit

Eine Spezialität aus dem benachbarten Elsass. Wir haben die Grundrezeptur aus Crème fraîche, Zwiebeln und Speck etwas verändert und an die Spargelzeit angepasst.

ZUTATEN

Teig:
200 g Weizenmehl
400 g Dinkelmehl
1 Päckchen Trockenhefe
1 TL Zucker
1 TL Salz
4 EL Olivenöl
250 ml lauwarmes Wasser

Belag:
250 g Quark (Halbfettstufe)
250 g Schmand
Salz/Pfeffer
geriebene Muskatnuss
1 rote Zwiebel, in Ringe geschnitten
300 g weißer Spargel, geschält
300 g grüner Spargel, ungeschält
Blättchen von Estragon und Basilikum
1 gehackte Knoblauchzehe

6 · 35 MIN

ZUBEREITUNG

Für den Boden zuerst das Mehl mit der Trockenhefe gut mischen, danach alle anderen Zutaten dazugeben, kräftig mit einem Rührgerät ca. 5–10 Minuten kneten und dann zu einem kloßartigen Teig verarbeiten. Wenn der Teig zu weich ist noch etwas Mehl hinzufügen. An einen warmen Ort stellen und so lange gehen lassen bis er sich verdoppelt hat. Den Teig aus der Schüssel nehmen, nochmal kurz durchkneten und in 4 Stücke schneiden. Jedes Stück ca. 2 mm dick ausrollen und auf ein gefettetes Backblech legen.

Für den Belag den weißen geschälten Spargel und den ungeschälten grünen Spargel in ca. 3 cm lange diagonale Stücke sowie die Zwiebeln in etwas größere Würfel schneiden. Quark und Sauerrahm miteinander verrühren und sehr gleichmäßig auf die Teigplatten verteilen. Mit etwas Salz, Pfeffer und geriebener Muskatnuss würzen und im vorgeheizten Ofen (Umluft ca. 220 °C) gut 15 Minuten backen. Zum Anrichten die gehackten Kräuter darüber streuen.

Kartoffel-Waffeln

mit Schnittlauchquark

„Die Kartoffelwaffeln bilden mit dem Kräuterquark eine super Eiweißkombi. Da ich den Teig und Quark gut vorbereiten und im Kühlschrank aufbewahren kann, gibt's die Waffeln bei mir meistens nach einer langen Radeinheit. Kühlschrank auf, Waffeleisen an und los geht's!" – Benni

ZUTATEN

Waffeln:
200 g geschälte Kartoffeln, gekocht
1 große Zwiebel
100 g Dinkelmehl
2 Eier
1 TL Backpulver
50 g zerlassene Butter
Salz/Pfeffer
Paprikapulver
1 EL gehackte Kräuter

Quark:
400 g Magerquark
2 Bund Schnittlauch
2 EL Leinöl
1 TL Kürbiskernöl
Salz/Pfeffer

ZUBEREITUNG

Für die Waffeln die gekochten und geschälten kalten Kartoffeln durch den Fleischwolf drehen. Die Zwiebeln und die Kräuter mit dem Mixer ganz fein mixen. Nun alle angegebenen Zutaten gut miteinander vermengen und je nach Geschmack würzen. Den Teig noch ca. 30 Minuten quellen lassen und dann im Waffeleisen heiß und knusprig ausbacken.

Für den Dip alle Zutaten in eine Schüssel geben, gut durchrühren, abschmecken und zu den heißen Waffeln genießen.

BENNIS TIPP Ein Teil der Kartoffeln durch Sellerie ersetzen.

Schon als Kind war Essen Bennis Leidenschaft

Fleischgerichte

Putensteak in der Sesamkruste

auf Bananen-Mango-Sauce

Jetzt wird's exotisch! Wir finden, dass Abwechslung in der Küche sehr wichtig ist. Ein Ausflug in die asiatische Küche ist bei uns immer sehr willkommen. Dieses Gericht ist zudem optisch ein echter Hingucker.

ZUTATEN

600 g Putenbrust
100 g gerösteter Sesam
1 Ei
1 EL Vollkornmehl
20 ml Sonnenblumenöl
Gewürzsalz

Bananen-Mango-Sauce:
1 rote Paprika
1 gelbe Paprika
1 Mango
1 Banane
1 zerdrückte Knoblauchzehe
250 ml Kokosmilch
250 ml Orangensaft
2 EL Olivenöl
10 g Stärkemehl (Mondamin)
2 EL Weißwein
Salz/Pfeffer
Koriander und Kurkuma
Ingwer
getrocknete Chilifäden

4

45 MIN

ZUBEREITUNG

Die Putenbrust in 150 g Steaks schneiden, mit Gewürzsalz würzen und mit Mehl bestäuben. Im aufgeschlagenen Ei wenden, Sesam darüber streuen und in der Pfanne mit etwas Öl ca. 5 Minuten braten.

Für die Sauce die Paprika, Mango und Banane in Würfel schneiden. Das kleingeschnittene Obst und Gemüse mit dem Knoblauch ca. 5-10 Minuten andünsten. Die Gewürze dazugeben und mit Wein, Orangensaft und Kokosmilch auffüllen. Im Anschluss nochmals ca. 15 Minuten leicht kochen lassen und bei Bedarf mit Orangensaft in verdünntem Mondamin leicht andicken.

TIPP Für noch mehr Fruchtgeschmack einfach die Sauce pürieren.

Honig
Miel

Schwarzwälder Honigschäufele

mit einer badischen Zwiebelsauce

Das badische Schäufele ist traditionell gepökelt, leicht geräuchert und ist ein Klassiker auf den Speisekarten unserer Heimat. Das Wort „Schäufele" bedeutet „Schulterblatt" und beschreibt die Herkunft des Fleisches.

ZUTATEN

ca. 1 kg geräuchertes Schäufele
(Schulter vom Schwein)
100 g Honig
2 EL Sonnenblumenöl
2 EL Kirschwasser

Sauce:
2 Zwiebeln gewürfelt
2 EL Olivenöl
⅛ Liter Rotwein
⅛ Liter Gemüsesud
1 Zweig Rosmarin
1 EL Speisestärke
Salz/Pfeffer
gehackte Kräuter

4 · 20 MIN

ZUBEREITUNG

Das Schäufele am Stück in einer Pfanne mit Öl 2–3 Minuten leicht anbraten und mit der Hälfte des Kirschwassers ablöschen. Danach in einer Kasserolle oder Auflaufform in den auf 160 °C vorgeheizten Backofen schieben und etwa alle 10–15 Minuten mit dem Honig und restlichen Kirschwasser übergießen. Nach ca. 1 ¼ Stunden den Ofen abschalten und bei ständigem Übergießen mit dem Fond noch 15 Minuten in dem warmen Ofen nachziehen lassen.

Für die Sauce die Zwiebeln mit Öl in einem Topf ca. 5 Minuten andünsten, den Rosmarinzweig dazugeben und mit dem Rotwein ablöschen. Gemüsesud hinzufügen und etwa 10 Minuten einköcheln lassen. Mondamin und etwas Rotwein anrühren und schrittweise in die noch kochende Sauce einrühren, bis die gewünschte Dicke erreicht ist. Den Sud, der beim Schäufele im Ofen entsteht, in die Sauce gießen und mit Salz, Pfeffer und Kräutern abschmecken. Das Schäufele in Scheiben schneiden und mit der Sauce anrichten.

Charlys Tipp

Am besten passen ein herzhaftes Kartoffelpüree oder badische Kartoffelkissen mit Sauerkraut dazu.

Badischer Wein

... von der Sonne verwöhnt.

„Badischer Wein ist auf der ganzen Welt beliebt und bekannt. Baden ist die drittgrößte Weinbauregion in Deutschland.

Der Kaiserstuhl, nordwestlich von Freiburg gelegen, und das Markgräflerland im äußersten Südwesten der Republik bekommen die meiste Sonne in Deutschland ab und sind die wärmsten Regionen hierzulande. Und: Die Regionen zu Füßen unseres Schwarzwaldes sind seit vielen Jahren meine liebsten Weinanbaugebiete.

Auf den fruchtbaren Böden mit vulkanischem Gestein in hervorragenden Lagen entlang des Oberrheintals werden vor allem Rebsorten der Burgunder-Familie angebaut. Diese zählen zu den edelsten Gewächsen weltweit.

Viele andere Rebsorten bringen besonders vorzügliche Weine mit hoher Qualität hervor. Mit dem „Gutedel“ aus dem Markgräflerland möchte ich nur ein Beispiel nennen.

Viele der Weine für mein Hotel „Sonnenhof“ beziehe ich vom Weingut Abril aus dem bekannten Weinbauort Bischoffingen. Das ist das größte Öko-Weingut im Kaiserstuhl. Seit einigen Jahren arbeiten die Besitzer des Weinguts Abril nach den Ecovin-Richtlinien vom Bundesverband Ökologischer Weinbau. Sie verbürgen sich für nachhaltigen Weinbau.

Einer der „Renner“ beim Weingut Abril ist der Spätburgunder „Magmatit“, den mag meine Frau Friederike besonders gern.

Neben den typischen Klassikern wie Grauburgunder und Weißburgunder gibt es bei den Bischoffinger Winzern vom Weingut Abril den Blauen Silvaner, eine echte Rarität, die aus den rot-blauen Pigmenten in der Beerenhaut entsteht. Der Blaue Silvaner ist ein idealer Begleiter zum Essen, bei Vorspeisen und Fisch. Meine Hotelgäste mögen ihn übrigens auch.“

Euer Charly

ABRIL

Broccoli-Schnitzel

mit Tomaten-Chili-Ragout

Die Liebe eines Deutschen zu seinem panierten Schnitzel ist doch etwas Schönes, auch wir gönnen uns ab und zu gerne ein klassisches Schnitzel. In unserer Variante verwenden wir Broccoli zum Panieren. Eine köstliche und dabei gesunde Alternative.

ZUTATEN

Broccoli-Schnitzel:
4 x 100 g Putenschnitzel
200 g Broccoli
1 Ei
1 EL Mehl
Olivenöl
Salz/Pfeffer

Beilagen:
400 g Spaghetti
1 Zucchini, fein geschnitten
2 EL Olivenöl
1 Knoblauchzehe
Salz/Pfeffer
Koriander

Sauce:
4 gewürfelte reife Tomaten
1 Chilischote
1 gewürfelte Zwiebel
1 Bund Basilikum
1 EL Olivenöl
250 ml Gemüsesaft
Salz/Pfeffer
Rohrzucker

4 · 45 MIN

ZUBEREITUNG

Die Putenschnitzel mit Salz und Pfeffer leicht würzen und den Broccoli ohne Stiele im Mixer ganz klein machen. Nun die Schnitzel erst im Mehl, dann im aufgeschlagenen Ei wenden, mit Broccoli panieren und dann mit Olivenöl bei mittlerer Temperatur braten. Nebenbei die Chilischote halbieren, die Kerne entfernen und klein hacken. Die Tomatenwürfel mit den Zwiebeln und dem Chili in Olivenöl leicht andünsten, mit Salz, Pfeffer sowie Zucker abschmecken und mit dem Gemüsesaft kurz aufkochen lassen. Das abgezupfte Basilikum wird erst am Schluss dazugegeben. Spaghetti in reichlich Wasser kochen und abschütten. Den Knoblauch und die feingeschnittenen Zucchinistreifen ca. 1–2 Minuten in Olivenöl andünsten. Anschließend mit Salz, Pfeffer und Koriander leicht würzen und unter die noch heißen Spaghetti mischen. Das Broccoli-Schnitzel und die Spaghetti mit dem Tomaten-Chili-Ragout anrichten und genießen.

Rehbolognese

mit glasierten Äpfeln

Bennis Leibgericht, wenn er vom Biathlon-Weltcup mal wieder nach Hause kommt. Genial bei diesem Gericht ist das Spiel zwischen salzig und süß.

ZUTATEN

Rehbolognese:
4 EL Olivenöl
1 Zwiebel
1 kleine Sellerie
3 Karotten
500 g Rehkeulenfleisch
2 EL Tomatenmark
200 ml Tomatensaft
Salz/Pfeffer
gemahlener Koriander
3 Lorbeerblätter
6 Wacholderbeeren
0,5 Liter Gemüsebrühe
1–2 EL Preiselbeerkonfitüre
1 EL Mondamin, mit Wasser auflösen
Rotwein

Glasierte Äpfel:
2 Äpfel
Zitronensaft
Butter
2 EL Zucker
50 ml Riesling, natürlich aus Baden

ZUBEREITUNG

Das Rehfleisch ganz fein in ca. 4 mm große Würfel schneiden und anschließend bei leichter Hitze gut anrösten bis die Flüssigkeit verdampft ist. Das Gemüse mit dem Tomatenmark hinzugeben und kurz weiter rösten lassen. Nun mit Rotwein, Salz, Pfeffer, Koriander, Lorbeerblättern, Wacholderbeeren und Gemüsebrühe ablöschen und ca. 20 Minuten köcheln lassen. Für etwas mehr Süße in der Sauce 2 EL Preiselbeeren unterrühren und mit ein wenig Mondamin abbinden.

Die frischen 1–2 cm großen ungeschälten Apfelschnitze mit etwas Zitronensaft beträufeln, mit wenig Butter in einer Pfanne je 1 Minute auf beiden Seiten anbraten und mit etwas Zucker bestreuen. Danach ca. 1 Minute kurz karamellisieren, mit einem Schuss Riesling ablöschen und sofort vom Herd nehmen. Noch ca. 3–5 Minuten in der Pfanne nachziehen lassen. Zusammen mit der Rehbolognese servieren.

TIPP Zur Rehbolognese passen am besten unsere Amaranth-Spätzle oder Penne.

Rothaus

Kalbssteak vom Schwarzwälder Weiderind

mit herzhaftem Biersabayon

Das klassische Sabayon wird aus Wein kreiert. Um unserem guten Schwarzwälder Bier gerecht zu werden, habe ich einen raffinierten Biersabayon entwickelt. So erhält der feinherbe Biergeschmack einen großartigen Auftritt.

ZUTATEN

4 x 150-200 g Rückensteaks vom Milchkalb, 2-3 cm dick
Salz
Pfeffer aus der Mühle
Öl

Sabayon:
3 Eigelbe
50 ml Bier (z. B. ein Rothaus Tannenzäpfle)
50 g Gemüsesud
Salz/Pfeffer
gemahlener Koriander
feingeschnittener Schnittlauch
1 Topf mit heißem Wasser

4 — 35 MIN

ZUBEREITUNG

Das Rückensteak mit der Pfeffermühle nach Belieben würzen und in einer Pfanne mit dem Öl bei mittlerer Hitze je 5 Minuten auf beiden Seiten langsam braten. Mit Salz etwas würzen, umdrehen und dann mit Alufolie bedeckt nochmals ca. 5-8 Minuten in der Pfanne am Herdrand ruhen lassen. In der Zwischenzeit alle Zutaten bis auf den Schnittlauch für das Sabayon in eine Metallschüssel geben und mit einem Schneebesen über dem Topf im Wasserbad aufschlagen bis die Masse anfängt schaumig zu werden. Die Steaks nun mit dem Sabayon auf einer Platte anrichten und mit dem frischen Schnittlauch garnieren. Als Beilage passt der Polenta-Dinkel-Gugelhupf oder Charlys grüne Gemüsepfanne perfekt.

Und dazu natürlich ein gut gekühltes Rothaus Tannenzäpfle – Charlys Lieblingspils.

#Winterfan
JOKA
adidas
Roeckl
WÜRTH
MADSHUS
REDLINE
MADSHUS
MADSHUS

IBU WOR
CHAMPIONS
IPS
THLON 2017
HÖRMANN
DKB
Das kann Bank
82
HOCHFILZEN
BMW xDrive
LOTTO
WÜRTH
ORF

Beilagen

Badische Spätzle

mit Amaranth und Linsenmehl

Spätzle gehören fest auf unsere Speisekarte. Umso wichtiger war es uns daher, eine Spätzle-Variante zu entwickeln, die auch einen hervorragenden Nährwertmix liefert. Zugegeben, unsere Variante weicht geschmacklich von den klassischen Spätzlerezepten ab, denn das Mehl aus Amaranth und roten Linsen geben diesem Gericht einen sehr individuellen Geschmack.

ZUTATEN

450 g Dinkelmehl
250 g gemahlener Amaranth
100 g gemahlene rote Linsen
5 große Eier
Wasser nach Bedarf
Salz
gemahlene Muskatnuss
Leinöl oder Butter

8 · 40 MIN

ZUBEREITUNG

Einen Topf mit Wasser und Salz zum Kochen bringen und einen Behälter mit kaltem Wasser bereitstellen. Gleichzeitig das Dinkelmehl, das gemahlene Amaranth, das Linsenmehl, die Eier, eine Prise Salz und das Wasser in eine Schüssel geben und gute 5 Minuten zu einem weichen Teig verrühren. Der Teig sollte am Ende eine zähe Masse geben, aber dennoch durch eine Spätzlepresse zu verarbeiten sein.

Nun den weichen Teig mit einer Spätzlepresse oder traditionell vom Brett schaben und in das heiße Wasser drücken. Kurz aufkochen lassen, im kalten Wasser abschrecken und durch ein Sieb abgießen. Die Spätzle sollten ca. 30 Minuten trocknen. Anschließend kann man die Spätzle mit etwas Leinöl oder Butter in der Pfanne anschwenken und eventuell mit etwas Salz und Muskat würzen, denn so schmecken sie am besten.

TIPP Die Spätzle können auch super eingefroren werden. Den Spätzlesud aufheben für unsere Spätzlesuppe.

FINISH
COMRADES
FINISH '93
Imperial
CAR RENTAL
Coke

Charlys grüne Gemüsepfanne

knackig, frisch und gesund

Der Grundgedanke bei Charlys grüner Gemüsepfanne ist, dass das Gemüse nur kurz angebraten wird. So ist das Gericht zum einen schnell zubereitet und zum anderen bleibt das Gemüse knackig und es behält seine kräftigen Farben.

ZUTATEN

1 Bund grüner Spargel
1 grüne Paprika
1 große Zucchini
8 Stück grüne Bratpaprika
4 Broccoli-Röschen
20 Stück grüne Erbsenschoten
2 Knoblauchzehen
12 Blätter Basilikum
60 ml Olivenöl
Salz/Pfeffer
gemahlener Koriander

4 · 15 MIN

ZUBEREITUNG

Den Broccoli in sehr dünne Scheiben schneiden, die trockenen Enden des grünen Spargels entfernen und in 3 cm lange Stücke schneiden, die Zucchini längs halbieren und genau wie die grüne Paprika in 1 cm Würfel schneiden. Die kleinen Bratpaprika bleiben ganz mit Stiel, die Erbsenschoten werden halbiert und der Knoblauch kleingehackt. Alle Zutaten mit Öl und Knoblauch in einer Pfanne bei mittlerer Hitze langsam braten und zwischendurch mit Salz, Pfeffer, Koriander würzen. Nach ca. 8–10 Minuten die Pfanne mit einem Deckel abdecken und am Rand des Herdes weitere 5 Minuten ziehen lassen.

Charlys Tipp

Passt in der Regel zu vielen Fleischgerichten. Kann aber auch als vegetarisches Gericht mit badischen Kartoffelkissen oder dem Polenta-Gugelhupf serviert werden.

Schupfnudeln sind aus der badischen Küche nicht wegzudenken, ob herzhaft oder süß, die Variationsmöglichkeiten sind grenzenlos. Da uns das Rollen zur Schupfnudel manchmal zu lange geht, machen wir einfach kleine Kissen daraus. Getreu dem Motto „Faul darfst du sein, nur nicht dumm!"

ZUTATEN

1 kg gekochte Kartoffeln, festkochend
100–150 g Dinkelmehl
2 Eier
2 EL Bärlauch-Pesto
Salz/Pfeffer
geriebene Muskatnuss
2 EL Olivenöl

6 | 45 MIN

ZUBEREITUNG

Die gekochten Kartoffeln schälen und über Nacht kaltstellen. Am nächsten Tag durch den Fleischwolf oder die Spätzlepresse drücken, die Eier, die Gewürze sowie das Bärlauch-Pesto dazugeben, kurz vermengen und nun so viel Dinkelmehl hinzufügen bis die Masse ein kloßartiger Teig wird. In einen Topf mit kochendem Salzwasser eine kleine Knödelprobe geben und falls diese auseinanderfällt, noch etwas Mehl untermischen. Diesen Vorgang eventuell wiederholen bis die Probe fest bleibt. Nun mit viel Mehl die Masse auf einem Nudelbrett in lange, 2 cm dicke Würste formen und mit einem Messer ca. 1–2 cm große Stücke abschneiden, in das kochende Wasser geben und ziehen, aber nicht mehr kochen lassen. Wenn die Kartoffelkissen an die Wasseroberfläche kommen, diese mit dem Sieb aus dem Topf nehmen und in einer Schüssel mit kaltem Wasser kurz abkühlen lassen. Zum Abtropfen die Kartoffelkissen auf ein Küchentuch legen. In einer Pfanne mit dem Olivenöl knusprig anbraten und servieren.

DAS HANDWERK
DIE WIRTSCHAFTSMACHT. VON NEBENAN.
ANN

Polenta-Dinkel-Gugelhupf

mit getrockneten Tomaten

Der Polenta-Dinkel-Gugelhupf ist einer unserer kreativsten Erfindungen und darauf sind wir schon etwas stolz. Am liebsten genießen wir den Gugelhupf ganz frisch aus dem Ofen, da hat er außen eine knusprige Kruste und ist innen schön saftig.

ZUTATEN

½ Bund Basilikum
30 g Parmesan
50 g getrocknete Tomaten
5–10 Oliven
200 g Dinkelmehl
100 g Polenta
2½ TL Backpulver
Salz/Pfeffer
2 Eier
100 ml Olivenöl
350 ml Buttermilch

ZUBEREITUNG

Die Tomaten, die Oliven und das Basilikum klein schneiden. Das Mehl, den Parmesan, die Polenta, das Backpulver sowie Salz und Pfeffer vermischen und mit Öl, Buttermilch und den Eiern verrühren. Dann die Tomaten, Oliven und Basilikum unterheben und den Teig in eine ausgebutterte und mehlierte Gugelhupfform füllen. Im Ofen bei 180 °C Umluft ca. 30–40 Minuten backen. Danach die Form aus dem Ofen nehmen und ein paar Minuten ruhen lassen. In ca. 2 cm starken Scheiben servieren.

BENNIS TIPP Anstatt einer großen Form können auch mehrere Muffin-Förmchen verwendet werden.

Da ist der Gugelhupf auseinandergehupft

Quinoa und Amaranth

Die Stars in Doll's Küche

Schon die Inkas und Azteken wussten vor rund 5000 Jahren, was gut für sie ist. Schließlich kannten sie bereits jene rundlichen Körner mit den wertvollen Inhaltsstoffen, die so wichtig für ihre Ernährung waren. Heute sprechen wir bei Quinoa und Amaranth von Superfood. Völlig zu Recht: Die Körner, die schon die Inkas und Azteken kannten, können nämlich mit sensationellen Nährwerten aufwarten.

Das Pseudo-Getreide ist glutenfrei. Es versorgt unseren Körper neben einer ordentlichen Portion Protein mit allen essentiellen Aminosäuren, ungesättigten Fettsäuren, komplexen Kohlenhydraten, Mineralstoffen und Vitaminen. Die Wunderkörner haben eine hohe Energiedichte, weisen hohe Anteile von lebensnotwendiger Omega-3-Fettsäure, Magnesium und Vitamin B auf, deshalb stehen sie bei uns Sportlern so hoch im Kurs.

Vegetarier und Veganer liegen bei Quinoa und Amaranth genau richtig. Im Aussehen der Hirse ähnlich, sind die Körner eine gute Alternative zu tierischen Produkten. Und auch Allergikern mit einer Getreide-Unverträglichkeit helfen Quinoa und Amaranth zu einer vollwertigen Ernährung. Die beiden Superfoods stehen für all das, was wir heute eine vollwertige Ernährung nennen. Zudem sorgen sie für Abwechslung am Herd. Schier endlose Möglichkeiten, Quinoa und Amaranth zuzubereiten, setzen der Kreativität in der Küche keine Grenzen. Vielmehr bieten sie viel Raum für neue Rezepte, die ausprobiert werden wollen.

„Ich habe vor Jahren bereits die Wunderkörner für mich entdeckt, sie in der Küche ausprobiert, Gerichte verfeinert und diese schließlich meinen Gästen im „Sonnenhof" kredenzt. An meinen Sohn Benni habe ich mein Wissen über Quinoa und Amaranth weitergegeben. Für ihn als Spitzensportler ist eine ausgewogene Ernährung unabdingbar – mit den Superfoods Quinoa und Amaranth." Euer Charly

5 unschlagbare Argumente für die Superkörner:

1. Der Gehalt an Nährwerten und die Menge der einzelnen Nährstoffe sind beachtlich.
2. Quinoa und Amaranth bestehen aus 14 Prozent Protein. So sind sie wahre Protein-Lieferanten für Sportler.
3. Beide Körnerarten enthalten alle acht essentiellen Aminosäuren. Ihr hoher Gehalt an Lysin, einem wichtigen Vitalstoff in unserem Organismus, erzielt Spitzenwerte – anders als bei anderen Getreidesorten.
4. Im Vergleich zu Reis oder Nudeln haben die kleinen Samenkörner einen bis zu 20-fach höheren Mineralstoffanteil.
5. Quinoa und Amaranth enthalten kein Gluten. Sie sind so eine wirkliche Alternative zu Getreide.

CHARLYS TIPP ZUM SUPERFOOD Ich mahle die Körner immer frisch, kurz bevor ich sie verwenden will. So gehen die wertvollen Inhaltsstoffe bei der Reaktion mit Luft nicht verloren. Mit dem so gewonnenen Mehl ersetze ich dann zum Teil das Weizenmehl, das normalerweise für die Gerichte verwendet wird. Wichtig ist: nur zum Teil, denn das Mehl aus Quinoa und Amaranth schmeckt sehr intensiv, daher sollte man sich vorsichtig herantasten.

IBU
World
Championships

Amaranth-Quinoa-Risotto

leicht asiatisch gewürzt

Amaranth und Quinoa werten den Risotto nicht nur mit vielen wertvollen Nährstoffen auf, der Risotto erhält dadurch auch eine feine nussige Geschmacksnote.

ZUTATEN

100 g rohen Basmatireis
50 g Quinoa, als Korn und nicht gepoppt
50 g Amaranth, als Korn und nicht gepoppt
1 gewürfelte Zwiebel
2 EL Olivenöl
2 EL Sesamöl
½ TL gemahlene Kurkuma
¼ TL gemahlener Kreuzkümmel
Salz/Pfeffer
500 g Gemüsesud
50 g Weißwein
1 EL gehackte Korianderblätter

4

15 MIN

ZUBEREITUNG

Den Reis, die Quinoa und das Amaranth kurz mit Wasser abspülen und dann in einem Topf mit Olivenöl und Zwiebeln leicht andünsten. Kurz Kurkuma und Kreuzkümmel mitrösten und mit Weißwein ablöschen. Alles mit Gemüsesud auffüllen, aufkochen lassen und dann zugedeckt ca. 40 Minuten im Backofen bei 180 °C fertig garen. Mit Salz und Pfeffer abschmecken und zum Schluss das Sesamöl und den Koriander unterrühren. Bei Bedarf und nach Festigkeit noch etwas Gemüsebrühe dazugeben.

Charlys Tipp

Beim Andünsten der Zwiebeln etwas Geflügelfleisch oder klein geschnittenes Gemüse dazugegeben und man erhält einen vollwertigen Hauptgang.

Kartoffel-Kürbis-Gratin

mit Apfelscheiben

Herbstzeit ist Kürbiszeit. Auch in Doll's Küche steht der Kürbis ganz oben auf der Speisekarte. Ein Gemüse, das direkt vor der Haustüre wächst, was gibt es Schöneres?

ZUTATEN

700 g Kartoffeln
300 g Hokkaidokürbis
2 Äpfel
200 g Sahne
1 geriebene Knoblauchzehe
Salz/Pfeffer
gemahlener Koriander
frische Petersilie

4 · 20 MIN

ZUBEREITUNG

Den Kürbis vierteln und entkernen. Kürbisse der Sorte Hokkaido muss man nicht schälen. Die geschälten Kartoffeln, die Hokkaido-Kürbisstücke und die Äpfel mit einem Hobel oder in einer Küchenmaschine in ca. 1–2 mm dicke Scheiben schneiden. Danach mit Knoblauch, Salz, Pfeffer, Koriander, Petersilie würzen und mit der flüssigen Sahne gut vermengen. In einer Auflaufform bei ca. 180 °C ca. 50–60 Minuten backen.

TIPP Wir essen das Kartoffel-Kürbis-Gratin sehr gerne als Beilage zu Fisch.

Charly in seinem Element – Kochseminar mit Hotelgästen

Nachtische

Schwarzwälder Kirschtorte

geschichtet im Glas

Die Schwarzwälder Kirschtorte hat es zu Weltruhm gebracht und ist ein echter Klassiker. Wir interpretieren die bekannteste deutsche Sahnetorte völlig neu als feines Dessert.

ZUTATEN

1 brauner Biskuitboden (Rezept auf www.dollskueche.de)
1 Glas Schattenmorellen oder Sauerkirschen
1 EL Mondamin
90 ml Kirschwasser
50 ml Läuterzucker oder Zuckersirup
500 ml Schlagsahne
3 Blatt Gelatine zum Auflösen in 30 ml Kirschwasser
3 EL Puderzucker
100 g gehobelte dunkle Kuvertüre

8-10

45 MIN

ZUBEREITUNG

Kleine Weckgläser oder einfache Wassergläser bereitstellen. Den Biskuitboden in 1 cm dicke Scheiben schneiden und dem Durchmesser der Gläser entsprechend ausstechen – drei Scheiben je Glas. Die Blattgelatine in kaltem Wasser einweichen. Den Sud von den Kirschen trennen und erhitzen. Mondamin und 30 ml Kirschwasser anrühren und damit den Kirschsud abbinden. Anschließend kurz aufkochen lassen, dann die Kirschen (bis auf 10 Stück) in die eingedickte Masse geben und kaltstellen. Nun die Sahne steif schlagen. Bei der eingeweichten Gelatine das Wasser etwas ausdrücken und in einem kleinen Topf mit 30 ml Kirschwasser leicht erwärmen bis alles geschmolzen ist. Einen Schneebesen voll Sahne in die Gelatine geben, gut verrühren, dann in einem Zug mit dem Rest der Sahne gut vermengen und mit dem Puderzucker süßen. In einer Schale 30 ml Kirschwasser mit dem Läuterzucker vermengen.

Jetzt geht es an das Einschichten in die Gläser. Zuerst einen Biskuit in das Glas geben, mit Kirschwasser-Sirup-Gemisch tränken, Kirschen hinzufügen, eine Sahneschicht obendrauf und das nochmal wiederholen. Zum Abschluss nochmals eine Scheibe Biskuit auflegen und mit einer Sahnerose verzieren. Als Topping die gehobelte Kuvertüre und die beiseitegelegten Kirschen dekorieren.

Tipp

Die original Schwarzwälder Kirschtorte gibt es unter anderem im Café Bamby in Titisee.

Mandelmus-Pannacotta
mit Erdbeeren

Pannacotta ist einer der italienischen Dessertklassiker. Ursprünglich wird die Pannacotta nur aus Sahne zubereitet. Wir haben die Sahne durch Milch und Mandelmus ersetzt und lassen uns gerne selbst von dem Geschmackserlebnis verwöhnen.

ZUTATEN

Pannacotta:
280 ml Milch
2 Msp. gemahlene Vanille
60 ml Agavendicksaft oder Honig
1 g Agar-Agar
1 Prise Salz
70 g Mandelmus

Erdbeersauce:
150 g Erdbeeren
30 ml Agavendicksaft oder Honig
1 Zitrone
1 Prise Salz
1 Msp. Vanille

ein paar Beeren zum Garnieren

ZUBEREITUNG

Mandelmus, Vanille, Agavendicksaft, Agar-Agar und Meersalz mit der Milch in einem Mixer schnell glattrühren. Die Mischung in einen Topf geben und unter ständigem Rühren ca. 20 Sekunden aufkochen lassen. In kleine Förmchen verteilen und zugedeckt mindestens 3 Stunden kühlstellen. Für die Erdbeersauce die geputzten Erdbeeren mit allen Zutaten pürieren. Die Pannacotta-Förmchen auf die Teller stürzen, mit der Erdbeersauce nappieren und ganz zum Schluss mit Beeren garnieren.

TIPP Für die vegane Variante einfach die Milch durch Mandelmilch oder Wasser austauschen.

Kamut-Quarkauflauf

mit Apfel und Preiselbeeren

Kamut oder Khorosan sind alte Weizensorten, die in Vergessenheit geraten sind. Kamut ist reicher an Eiweißen und Mikronährstoffen als „normaler" Weizen und daher die perfekte Zutat für unsere Nachspeise.

ZUTATEN

750 g kleine säuerliche Äpfel
500 g Quark
100 g Fruchtzucker
80 g Kamut-Grieß
60 g Margarine
3 Eier
1 Bio-Zitrone
8 TL Preiselbeerkonfitüre

8 · 25 MIN

ZUBEREITUNG

Zuerst die Eier trennen, dann die Margarine mit Eigelb, der Hälfte des Zuckers und dem Quark schaumig rühren. Anschließend die abgeriebene Zitronenschale, den Saft der Zitrone und den Grieß unterrühren. Das Eiweiß mit dem Restzucker aufschlagen, unter die Quarkmasse heben und danach in eine gefettete Auflaufform geben. Äpfel schälen, halbieren, entkernen und in den Auflauf drücken. Am Schluss die Preiselbeerkonfitüre auf die Apfelhälften verteilen und ca. 45 Minuten bei 160 °C backen. Warm schmeckt der Kamut-Quarkauflauf am besten.

So wild wie auf dem Bild geht es bei uns natürlich nicht zu.

Charlys Tipp

Für die Optik vor dem Servieren noch mit etwas Puderzucker bestäuben.

Leinölquark
mit Früchten und Lein-Crunch

Mit Sicherheit unser gesündestes Dessert in diesem Buch. Unser Ziel war es, ein hochwertiges Öl in einer Nachspeise zu verwenden. Beim Leinölquark kann also ohne schlechtes Gewissen eine Portion mehr gegessen werden.

ZUTATEN

250 g Quark
1 EL Honig
100 g klein geschnittenes Saisonobst
100 ml Milch
4 EL gerösteter Lein-Crunch
100 ml Leinöl
1 Eiweiß
1 TL Zucker
Saft einer halben Zitrone

4

15 MIN

ZUBEREITUNG

Den Quark mit der Milch und dem Zitronensaft glattrühren und dann das Leinöl sowie den Honig unterrühren. Das Eiweiß mit Zucker steifschlagen und unterheben. Danach mit den klein geschnittenen Früchten vermischen, anrichten und mit Lein-Crunch bestreuen.

Glückliche Gewinner Massenstart, Oslo 2019

VIESSMANN
FISCHER
die fahrradmarke
LOTTO
Baden-Württemberg

Langlaufen im Winterwunderland

vom Notschrei zum Feldberg

„Es ist dieser Winter im Naturpark Südschwarzwald. Wenn er sich vorstellt im Spätherbst eines jeden Jahres, sollten die Langlaufski vorbereitet und gewachst sein. Über 330 Kilometer Langlaufloipen ziehen sich dann durch unsere schöne Heimat, gut präpariert und gut ausgeschildert. Ein Eldorado für den klassischen Skilangläufer wie auch für den Freund der dynamischen Skating-Technik, mit leichten bis schweren und wirklich anspruchsvollen Loipen.

Meine Hausstrecke ist die Stübenwasenspur. Sie beginnt direkt am Nordic-Center Notschrei. Hier ist auch mein sportliches Zuhause, die Biathlonanlage, an der ich Woche für Woche trainiere, schon so lange ich zurückdenken kann – ein Stück Heimat für mich. Wer einmal vorbeischaut, trifft mich vielleicht beim Training.

Die Loipe hinauf auf den Stübenwasen belohnt den Sportler mit einer fantastischen Aussicht. Der Rundblick reicht von den französischen Vogesen auf der anderen Seite des Oberrheintals bis zu den Gipfeln der Alpen. Allerdings muss diese schöne Belohnung erarbeitet werden. Die Loipe hinauf zur Todtnauer Hütte ist „schwarz" eingestuft, mit steilen Anstiegen und kniffligen Abfahrten. Also, nur etwas für Geübte auf den zwei schmalen Latten. Zu Beginn zieht sich die Loipe abwechslungsreich durch den Wald bis der Stübenwasen erreicht ist. Von der Todtnauer Hütte aus kann man einen Abstecher auf den Feldberg einlegen – und von dort auf der Piste wieder hinunter wedeln.

Wen es auf Langlaufski in die Weite zieht: Die Stübenwasenloipe ist übrigens ein Teil des Fernskiwanderwegs von Schonach nach Belchen mit über 100 Kilometern Länge."

Euer Benni

BENNIS TIPP Biathlon könnt Ihr hautnah erleben und selbst ausprobieren an der DSV-Skiakademie Nordic-Schule Notschrei. Infos im Internet unter www.nordic-schule-notschrei.de

LOIPENNETZ

Die unterschiedlichen Strecken sind in verschiedene Schwierigkeitsgrade eingestuft sowie unterteilt für Klassik und Skating. Wer es leichter haben möchte als auf der Stübenwasenspur, kann auf die Schauinslandloipe ausweichen. Sie ist ebenfalls ein „Must-Ski".

Startpunkt
Passhöhe Notschrei

Strecke
19,6 km | 260 Hm
mehrere Varianten
schwer

Einkehren
Bauerncafé (Loipenzentrum)
Berggasthof Stübenwasen

Nordic-Center Notschrei
Skischule und
Ski-Verleih

Zwetschgen-Terrine
auf Zimtschaum

„In der Zwetschgenstadt Bühl geboren, erklärt es sich von selbst, dass in meiner Küche die Zwetschge ihren Auftritt erhält." – Charly

ZUTATEN

Zutaten Teil 1:
200 g reife, halbierte und entsteinte Zwetschgen
50 g Zucker
4 EL Portwein
2 EL Cognac

Zutaten Teil 2:
200 g geviertelte Backpflaumen
30 g Marzipan
1 Zitrone
2 EL Zwetschgenbrand
1 TL Agar-Agar oder 3 Blatt Gelatine

Zutaten Teil 3:
20 g gehackte Walnüsse
20 g Pistazien
20 g Pinienkerne
1 Orange, geriebene Schale und Filets

Zutaten Zimtschaum:
2 Vanilleschoten
250 g Milch
60 g Zucker
2 Eigelb
1 Msp. gemahlener Zimt
1 Blatt Gelatine
100 g geschlagene Sahne

6 · 60 MIN

ZUBEREITUNG

Die Zutaten von Teil 1 in einem Topf ca. 5–10 Minuten leicht köcheln lassen bis die Früchte weich sind. Etwas abkühlen lassen, aber noch warm in einem Mixer pürieren. Das Marzipan mit Zwetschgenbrand und den Saft aus einer Zitrone glattrühren und mit dem Agar-Agar und den dünn geschnittenen Backpflaumen vermengen. Nochmals ca. 5–10 Minuten köcheln lassen. Nun die restlichen Zutaten von Teil 3 dazugeben. Alles gut vermengen und in eine mit Frischhaltefolie ausgelegte Form geben. Ungefähr 12 Stunden im Kühlschrank gut durchkühlen lassen. Für das Anrichten die Terrine aus der Form stürzen und mit dem Messer in Scheiben schneiden.

Für den Zimtschaum die Vanilleschote mit einem kleinen scharfen Messer längs halbieren und das Mark mit dem Messerrücken herausschaben. Schoten und Mark mit der Milch aufkochen. In einem zweiten Topf ein heißes Wasserbad vorbereiten. Eigelb und Zucker in einem Schlagkessel oder einer Metallschüssel gut glattrühren. Die heiße Vanillemilch zügig in die Eigelb-Zuckermischung gießen und die Schüssel im Wasserbad mit einem Gummispachtel bis zur Rose abziehen (ca. 5 Minuten gut rühren bis es eine dickliche Bindung bei ca. 75–80 °C gibt). Die zuvor eingeweichte Gelatine und den Zimt dazugeben. Die Vanillemasse dann in einem kalten Wasserbad weiterrühren bis sie wieder erkaltet ist. Nun noch die geschlagene Sahne unterheben und alles abkühlen lassen.

Buchweizen-Joghurt-Creme

mit Sesam und Früchten

Ein schnelles Dessert gefällig? Die Buchweizen-Joghurt-Creme ist schnell kreiert und kann auch schon einen Tag vorher zubereitet werden. Buchweizen ist ein perfekter Energielieferant mit vielen Nährstoffen und hat einen nussigen Geschmack.

ZUTATEN

50 g Buchweizen
50 g Sesam
70 ml Wasser
1 EL Honig
300 g geschnittenes Saisonobst
100 ml geschlagene Sahne
150 ml Naturjoghurt
½ Zitrone

4 | 30 MIN

ZUBEREITUNG

Den Sesam und Buchweizen im Topf ohne Fett anrösten bis es leicht anfängt zu rauchen – aber Vorsicht: Nicht anbrennen lassen! Anschließend mit Wasser ablöschen, vom Herd nehmen und ca. 15 Minuten quellen lassen. Danach abkühlen lassen und im Anschluss mit Honig und dem Saft der Zitrone abschmecken. Das klein geschnittene Obst dazugeben und den Joghurt sowie die geschlagene Sahne unterheben. Zum Schluss wird alles mit Früchten und gerösteten Nüssen garniert und 2 Stunden kühl gestellt.

Das gibt Kraft, auch schon in jungen Jahren.

ABRIL

Muskateller-Sabayon

auf Weinbergpfirsich

„In meiner Küche verwende ich viel Wein. Für diese Nachspeise muss es aber mein Lieblingswein, ein Muskateller vom Weingut Abril im Kaiserstuhl, sein." – Charly

ZUTATEN

3 Eigelb
100 ml Muskateller
1 EL Zucker
Saft von ½ Zitrone
6–8 Weinbergpfirsiche oder Aprikosen
12 gehackte Pistazienkerne

ZUBEREITUNG

Zuerst werden die Pfirsiche für 1 Minute in kochendes Wasser gegeben und sofort im Eiswasser abgeschreckt. Im Anschluss die Pfirsiche halbieren und nun lässt sich die Haut einfach entfernen. Für das Sabayon alle restlichen Zutaten in einer Metallschüssel verrühren und im heißen Wasserbad langsam aufschlagen bis die Masse anfängt einzudicken. Dabei darauf achten, dass die Masse nicht kocht. Die halbierten Pfirsiche auf einem tiefen Teller anrichten, mit dem Sabayon übergießen und den Pistazienkernen garnieren.

CHARLYS TIPP Am besten schmeckt dazu noch eine Kugel Vanilleeis.

Enjoy
Coca-Cola
Coke
COMRADES MARATHON...93
FINISH
Enjoy
Coke
Coca-Cola
LORUS LORUS LORUS
LORUS LORUS LORUS
COMRADES
FINISH '93
Enjoy
Coca-Cola
Coke
RENTAL & SALES
Enjoy
Coke
MILO
1907

VIESSMANN
VIESSMANN
Wir sind #Winterfans
9
TYUMEN
Audi
MADSHUS

Nordic Functional Training

Ein guter Wintersportler wird im Sommer gemacht.

Was „macht" ein Biathlet eigentlich konkret im Sommer? Kurz gesagt: Vieles. Führen wir uns erst einmal die verschiedenen Phasen einer Saison vor Augen: Grundlagentraining im Frühjahr, sportartspezifische Vorbereitung im Sommer und Herbst, wettkampfnahes Training im Spätherbst und eben die Wettkampfsaison im Winter. Während beim Grundlagentraining besonders viele Rad- und Laufkilometer gesammelt werden, wird in der sportartspezifischen Vorbereitung eher auf umfangreiches Training auf Skirollern gesetzt, bevor man unmittelbar vor und während der Saison den Fokus auf das eigentliche Skilanglauftraining legt. Innerhalb dieser aufeinanderfolgenden Phasen gibt es aber einen Dauerbrenner unter den Trainingsinhalten: das Krafttraining. Es gibt keine Woche im Jahr, in der kein Krafttraining auf dem wöchentlichen Trainingsplan steht. Allein dadurch wird deutlich, welcher Stellenwert einem gezielten und regelmäßigen Krafttraining zukommt.

Wichtig beim Krafttraining ist die Vielseitigkeit, denn nur ein vielseitiges und dadurch komplexes Training aller skilanglaufspezifischen Muskelgruppen bewirkt eine Verbesserung der Leistungsfähigkeit auf der Loipe.

Beim „Nordic Functional Training" wird diese Vielseitigkeit mittels verschiedenster komplexer Übungen, größtenteils mit eigenem Körpergewicht, erreicht. „Nordic" steht hier für die Spezifität der Übungsauswahl, die vornehmlich die Verbesserung der beim Skilanglauf benötigten Muskulatur zum Ziel hat. Hierzu gehört insbesondere die Kräftigung der Rumpf- und Armmuskulatur, die ausschlaggebend für einen kräftigen Stockschub ist sowie die Kräftigung der Bein- und Hüftstrecker, die entscheidend für einen dynamischen Beinabdruck auf den Skiern ist.

Belastungszeiten sind je Übung 3 x 45 Sekunden mit Pausen von 45 Sekunden. Die bei den Übungen angegebenen Parameter dienen als grobe Orientierung. Je nach Leistungsniveau sollten die Belastungsparameter angepasst werden. Dabei empfehlen wir zuerst die Übungsausführung zu variieren, also die Übung leichter oder schwerer zu gestalten und erst danach die Zeitvorgaben zu verlängern oder zu verkürzen.

Benni über
Robin Irion

Robin ist genauso alt wie ich und war lange Zeit mein Trainings- und WG-Partner. Zusammen durchliefen wir regionale und nationale Kader bis hin zur Juniorennationalmannschaft. Im Jahr 2010 hing Robin allerdings Ski und Gewehr an den Nagel und widmete sich dem Studium der Sportwissenschaften und Germanistik (L.A.).

Mittlerweile ist Robin studierter Sportwissenschaftler und auch zertifizierter Personal Trainer. Unter dem Firmennamen Truletic Training betreut er seit 2015 Klienten aus dem Raum Bodensee im Bereich Personal Training und Gesundheitscoaching.

Hinter dem Truletic-Trainingskonzept verbirgt sich ein ganzheitliches Betreuungskonzept, das neben dem eigentlichen Training auch Segmente wie Trainingsplanung und Ernährungscoaching beinhaltet. Die Trainingsinhalte orientieren sich dabei ganz nach den Zielen des Kunden. Seine „Spezialität“, das Training kompletter Muskelketten, auch „Functional Training“, bringen mich regelmäßig ins Schwitzen.

www.truletic-training.de

TRULETIC
TRAINING

Zusatz

Die Geräte fürs Workout

BOSU-Balance Trainer

Der BOSU ist eine Art Kombination aus Gymnastikball und Gleichgewichtsbrett. Gezielt eingesetzt, rundet er Stabilisierungs- und Kräftigungsübungen ab und erhöht den koordinativen Anspruch durch die zusätzliche Instabilität. Wer keinen BOSU zur Hand hat, kann alternativ eine etwas dickere Gymnastikmatte zusammenrollen und als instabile Unterlage verwenden.

Powerband

Ein Powerband ist die Universalwaffe für jedes Krafttraining. Durch den progressiven Widerstand erhöht es den Anspruch in den Bereichen Kraft und Koordination. Zudem ist es extrem platzsparend und passt deshalb in jede Tasche. Powerbänder gibt es als Loop (geschlossene Form) oder in einer langen offenen Variante, bei der die Enden aber auch einfach zusammengeknotet werden können. Für unser Workout wird ein Powerband als Loop mit ca. 30-40 Zentimeter Umfang und eins mit ca. 2 Meter Umfang benötigt.

Schlingentrainer/TRX

Der Schlingentrainer ermöglicht Ganzkörpertraining auf hohem Niveau und ist deshalb insbesondere für Leistungssportler geeignet. Durch verschiedene Griffmöglichkeiten und Lageveränderungen entstehen zusätzliche Bewegungsmöglichkeiten, die jedes Krafttraining zur Herausforderung machen. Am bekanntesten ist sicherlich das Produkt der Firma TRX.

Überblick

Die Workouts

Hier eine Übersicht über alle 20 Übungen. Einfach abfotografieren oder kopieren und als Gedankenstütze während des Trainings nutzen. Belastungszeiten sind je Übung 3 x 45 Sekunden mit Pausen von 45 Sekunden.

Nr.	Übung	▶▶	⊞	Seite
1	**Ruderzug im Hang**	kontrolliert	Schlingentrainer/TRX	145
2	**Liegestütz**	kontrolliert	Schlingentrainer/TRX	146
3	**Rumpfrotation im Hang**	explosiv	Schlingentrainer/TRX	147
4	**Mountain-Runner**	dynamisch	Schlingentrainer/TRX	148
5	**Squat-Jumps**	explosiv	Powerband	150
6	**Superman**	dynamisch	Powerband	151
7	**Latzug aus Kniebeugeposition**	kontrolliert	Powerband	152
8	**Unterarmstütz mit Beinrückheben**	kontrolliert	Powerband	153
9	**Seitstütz mit Beinabspreizen**	kontrolliert	Powerband	155
10	**Superman schräg**	dynamisch	BOSU-Balance Trainer	156
11	**Gladiator-Push-Ups**	kontrolliert	BOSU-Balance Trainer	157
12	**Wechselsprünge horizontal**	kontrolliert	BOSU-Balance Trainer	158
13	**Wechselsprünge vertikal**	explosiv	BOSU-Balance Trainer	159
14	**Doppelstockschub**	dynamisch	BOSU-Balance Trainer, langes Powerband	161
15	**Lunge mit Kniehub**	dynamisch		162
16	**Liegestütz mit Rumpfrotation**	kontrolliert		163
17	**Burpee**	explosiv		164
18	**Klappmesser im Seitstütz**	dynamisch		165
19	**Crunch diagonal**	dynamisch		166
20	**Klappmesser**	explosiv		167

Übung 1

Ruderzug im Hang

Diese Übung kräftigt die gesamte ziehende Muskelkette, von den kleinen stabilisierenden Muskeln entlang der Wirbelsäule, bis hin zu den großen und kräftigen Muskeln am Rücken.

Geschwindigkeit	Wdh./Pause	Muskelgruppe	Zusatzgerät
kontrolliert	3 x 45 sek/45 sek	Rücken, Arme	Schlingentrainer/TRX

AUSGANGSPOSITION

Angespannte, gerade Körperlage im Hang, Stand auf Fersen, Hände schulterbreit positionieren, Handflächen zueinander ausrichten, Arm-Rumpfwinkel beträgt 90°.

ÜBUNGSAUSFÜHRUNG

Gleichmäßig am Schlingentrainer nach oben ziehen und wieder zurück in Ausgangslage gleiten, dabei Körperlage beibehalten, Schultern bleiben tief und Nacken locker.

VARIATION Breiter Zug: Handfläche zum Boden ausrichten. Schwierigkeitsgrad durch Neigungsgrad variieren.

ROBINS TIPP Rutschfester Untergrund ist ein Muss!

Übung 2

Liegestütz

Durch eine normale Liegestütze trainiert man die komplette drückende Muskelkette. Durch die Instabilität des Schlingentrainers steigt zusätzlich der koordinative Anspruch an, was die Körperkontrolle langfristig verbessert.

Geschwindigkeit kontrolliert

Wiederholungen 3 x 45 sek/45 sek

Muskelgruppe Brust, Arme, Core

Zusatzgerät Schlingentrainer/TRX

AUSGANGSPOSITION

Liegestützlage im Schlingentrainer mit geradem Rücken, Hände etwa schulterbreit positionieren, Handgelenke nicht abknicken, Arm-Rumpfwinkel beträgt 90°.

ÜBUNGSAUSFÜHRUNG

Gleichmäßig tief gehen bis die Griffe auf Schulterhöhe sind, dann zurück in die Ausgangsposition drücken, Hände bleiben immer schulterbreit positioniert.

VARIATION Schwierigkeitsgrad durch Neigungswinkel variieren

ROBINS TIPP In der drückenden Phase hörbar ausatmen!

Übung 3

Rumpfrotation im Hang

Durch die kontrollierte Rotationsbewegung, werden die schräge Bauchmuskulatur und viele tiefliegende Rückenmuskeln synchron trainiert. Dies fördert die Tiefenstabilität und Körperkontrolle, wovon man natürlich auch im Winter auf den Skiern profitiert!

Geschwindigkeit
explosiv

Wiederholungen
3 x 45 sek/45 sek

Muskelgruppe
Core, Schultern

Zusatzgerät
Schlingentrainer/TRX

AUSGANGSPOSITION

Brettlage im Hang, Stand auf Fersen, die zwei Griffe mit beiden Händen umfassen, Arm-Rumpfwinkel beträgt 90°, Gesäß und Rumpf stark anspannen.

ÜBUNGSAUSFÜHRUNG

Abwechselnd die gestreckten Arme explosiv um etwa 90° nach links bzw. rechts drehen. Brettlage dabei beibehalten. Bewegung wird durch Rumpfspannung initiiert.

VARIATION Nur mit dem Oberkörper rotieren, Beckengürtel bleibt fixiert.

ROBINS TIPP Nur auf rutschfestem Untergrund!

Übung 4
Mountain-Runner im Stütz

Diese Übung fordert einem, aufgrund ihrer Komplexität, alles ab. Durch die dynamische Ausführung trainiert man im hochintensiven Belastungsbereich. Die Instabilität des Schlingentrainers fördert zudem die Gleichgewichtsfähigkeit.

Geschwindigkeit dynamisch

Wiederholungen 3 x 45 sek/45 sek

Muskelgruppe Core, Bauch

Zusatzgerät Schlingentrainer/TRX

AUSGANGSPOSITION

Liegestützlage im Schlingentrainer, Arm-Rumpfwinkel immer 90°, Handposition immer schulterbreit, agiler Stand auf dem Vorfuß.

ÜBUNGSAUSFÜHRUNG

Abwechselnd die Knie dynamisch und gerade unter dem Körper zum Bauch vorziehen und wieder rückführen (Rennen im Stütz), schnelle Lauffrequenz, jegliche Ausweichbewegungen minimieren.

VARIATION Mountain-Climber: langsame Lauffrequenz bei gleicher Ausführung.

ROBINS TIPP Leg' einen Gegenstand auf den Rücken, der während der Übung nicht herunterfallen darf!

Übung 5

Squat-Jumps

Die Kniebeuge ist ein Paradebeispiel für eine funktionelle Übung. Hier werden gleichzeitig nahezu alle Strecker- und Beugeranteile des Ober- und Unterschenkels trainiert, genau die Muskulatur, die man für einen kräftigen Abdruck beim Skilanglauf benötigt.

Geschwindigkeit explosiv	**Wiederholungen** 3 x 45 sek/45 sek	**Muskelgruppe** Beine	**Zusatzgerät** kurzes Powerband

AUSGANGSPOSITION

Breite, tiefe Kniebeugeposition, Kniewinkel 90°, Körpergewicht dabei auf die Fersen verlagern. Hände aktiv zusammenpressen, Rücken gerade halten, Blick nach vorne richten.

ÜBUNGSAUSFÜHRUNG

Beine dynamisch strecken und abspringen, dabei Arme zur Initiierung aktiv und schwungvoll nach hinten strecken. Danach wieder breit und tief landen, Knie nach außen drücken.

VARIATION Erleichtert: ohne Band oder ohne Abspringen.

ROBINS TIPP In der Streckungsphase ausatmen, in der Beugephase einatmen.

Übung 6

Superman

Hier bleibt kaum eine Muskelgruppe ungenutzt! Vor allem die häufig schwächere rückseitige Kette, angefangen bei der Oberschenkelrückseite, über das Gesäß bis hin zum oberen Rücken, kommen auf ihre Kosten. Ideal z. B. für einen kräftigen Abdruck in der klassischen Technik!

Geschwindigkeit dynamisch

Wiederholungen 3 x 45 sek/45 sek

Muskelgruppe Schultern, Rücken, Beine

Zusatzgerät kurzes Powerband

AUSGANGSPOSITION

Aktiver Ballenstand, Körpergewicht auf dem Vorfußbereich, Oberkörper leicht nach vorne neigen, Arme gestreckt und locker vor dem Körper.

ÜBUNGSAUSFÜHRUNG

Im Wechsel ein Bein gestreckt rückführen und gleichzeitig beide Arme gestreckt nach oben führen. Hinteres Bein, Rumpf und Arme bilden eine Linie, Band in Übungsausführung straff ziehen.

VARIATION Erschwert: stärkere Oberkörpervorlage.

ROBINS TIPP Ausführungsqualität vor Quantität!

Übung 7

Latzug aus Kniebeugeposition

Für einen dynamischen Stockschub sind neben gut trainierten Armstreckern, vor allem die kräftigen Rückenmuskeln maßgeblich. Diese werden hier sowohl statisch als auch dynamisch trainiert!

Geschwindigkeit kontrolliert	**Wiederholungen** 3 x 45 sek/45 sek	**Muskelgruppe** Rücken, Beine	**Zusatzgerät** kurzes Powerband

AUSGANGSPOSITION

Breite Kniebeugeposition, Kniewinkel 100°, Körpergewicht auf die Fersen verlagern. Arme gestreckt und parallel zum Boden vor dem Körper, Handflächen zeigen zueinander, Band um Handgelenke.

ÜBUNGSAUSFÜHRUNG

Arme zunächst nach oben führen und erst anschließend das Band in den Nacken ziehen. Band während des Zuges straffen. In der Übungsausführung sind die Ellenbogen etwa 90° gebeugt.

VARIATION Oberkörperorientierte Ausführung im Sitzen.

ROBINS TIPP Nicht mit dem Kopf ausweichen, sonst verspannt der Nacken!

Übung 8

Unterarmstütz mit Beinrückheben

Im Unterarmstütz wird hauptsächlich der Core, also praktisch die gesamte Muskulatur am Rumpf, statisch trainiert. Durch das Beinrückheben kommt ein zusätzlicher dynamischer Anspruch hinzu, der einem viel Körperkontrolle abverlangt!

Geschwindigkeit	Wiederholungen	Muskelgruppe	Zusatzgerät
kontrolliert	3 x 45 sek/45 sek	Core, Gesäß	kurzes Powerband

AUSGANGSPOSITION

Unterarmstützposition, Ellenbogen unter Schultergelenk positionieren, Rücken gerade halten, der Kopf bleibt in Verlängerung der Wirbelsäule, Gesäß anspannen.

ÜBUNGSAUSFÜHRUNG

Im Wechsel ein Bein gestreckt, etwa 15 cm abheben und wieder zum Boden führen. Becken dabei fixieren und nicht rotieren oder mit dem Rumpf ausweichen.

VARIATION Erleichtert: Übung zunächst ohne Beinrückheben oder ohne Band ausführen.

ROBINS TIPP Bauchnabel zum Rücken ziehen, um nicht ins Hohlkreuz zu fallen.

Übung 9

Seitstütz mit Beinabspreizen

Auch im Seitstütz wird vornehmlich die statisch arbeitende Core-Muskulatur gestärkt. Durch das Beinabspreizen werden zudem die Hüftstabilisatoren dynamisch trainiert. Von dieser Übung profitiert man letztlich beim Beinabdruck im Skating und beim Gleiten auf dem Ski.

Geschwindigkeit kontrolliert

Wiederholungen 3 x 45 sek/45 sek

Muskelgruppe Core, Abduktoren

Zusatzgerät kurzes Powerband

AUSGANGSPOSITION

Seitstützlage, unterer Ellenbogen unter dem Schultergelenk positionieren, oberen Arm auf dem Körper ablegen. Hüfte durchstrecken und Gesäß aktiv anspannen.

ÜBUNGSAUSFÜHRUNG

Aus der Seitstützposition das obere gestreckte Bein maximal abspreizen und anschließend wieder kontrolliert zurückführen.

VARIATION Erleichtert: unteres Bein 90° abwinkeln oder Übung ohne Band ausführen.

ROBINS TIPP Gleichmäßig atmen, um eine nachteilige Pressatmung zu verhindern!

Übung 10

Superman schräg

Die komplexe schräge Ausführung dieser Übung, bestehend aus einer ausgeprägten Streckungs- und Beugungsphase, ähnelt der Bewegung beim Skaten. Durch das Gleichgewichtstraining auf dem BOSU-Balance Trainer, kommt einem jede noch so holprige Loipe im Winter wie eine glatte Autobahn vor!

Geschwindigkeit	Wiederholungen	Muskelgruppe	Zusatzgerät
dynamisch	3 x 45 sek/45 sek	Rücken, Schultern, Beine	BOSU-Balance Trainer

AUSGANGSPOSITION

Das Bein auf dem BOSU wird stark belastet und gebeugt, das andere Bein steht gestreckt und unbelastet neben dem BOSU, der Oberkörper ist leicht schräg nach vorne geneigt. Oberkörper, Arme und Bein bilden eine Linie.

ÜBUNGSAUSFÜHRUNG

Wiederholt das Bein neben dem BOSU zwischen die Ellenbogen ziehen. Rumpf während der Bewegung einrollen und anschließend wieder Bein, Rumpf und Arme ausstrecken und Bodenkontakt suchen.

VARIATION Höherer koordinativer Anspruch durch sehr langsame Ausführung.

ROBINS TIPP Ein Fixpunkt auf Augenhöhe verbessert die Balance!

Übung 11

Gladiator-Push-Ups

Bei dieser Übung werden durch die ständigen Positionswechsel viele für die Stabilisierung notwendigen Strukturen gleichzeitig trainiert. Es gibt also keinen Stillstand – genau wie auf Skiern auch!

Geschwindigkeit kontrolliert

Wiederholungen 3 x 45 sek/45 sek

Muskelgruppe Brust, Core

Zusatzgerät BOSU-Balance Trainer

AUSGANGSPOSITION

Unterarmstützposition, Ellenbogen unter den Schultergelenken positionieren, Gesäß aktiv anspannen.

ÜBUNGSAUSFÜHRUNG

In die Liegestützposition hochdrücken und wieder zurück in den Unterarmstütz gehen. Dabei Becken stabilisieren und keine Ausweichbewegungen zulassen.

(Achtung: Nicht immer mit der selben Seite hochdrücken)

VARIATION Erleichtert: Übung auf den Knien ausführen (die Hüfte trotzdem gestreckt).

ROBINS TIPP Lege einen Gegenstand auf den Rücken, der während der Übung nicht herunterfallen darf!

Übung 12
Wechselsprünge horizontal

Eine gute Technik beim Skilanglaufen erfordert Dynamik. Dynamik erfordert wiederum eine gute Koordination als stabile Basis. Beides wird bei dieser Übung par excellence trainiert!

Geschwindigkeit	Wiederholungen	Muskelgruppe	Zusatzgerät
dynamisch	3 x 45 sek/45 sek	Beine	BOSU-Balance Trainer

AUSGANGSPOSITION

Ein Bein auf, ein Bein neben dem BOSU positionieren, Oberkörper aufrecht, Arme diagonal halten, beide Kniegelenke leicht beugen.

ÜBUNGSAUSFÜHRUNG

Springend die Seite wechseln und wieder mit einem Bein auf dem BOSU, mit dem anderen neben dem BOSU landen, Arme dabei diagonal mitbewegen.

VARIATION Erschwert: Sprunghöhe bzw. -frequenz steigern.

ROBINS TIPP Ein Baumstamm ist ein guter BOSU-Ersatz!

Übung 13
Wechselsprünge vertikal

Wer im Winter hoch hinaus will, legt dafür im Sommer die Grundlage. Bei den vertikalen Wechselsprüngen geht es hier im wahrsten Sinne des Wortes hoch hinaus. Explosivität und Sprungkraft sind gefordert!

Geschwindigkeit explosiv	**Wiederholungen** 3 x 45 sek/45 sek	**Muskelgruppe** Beine	**Zusatzgerät** BOSU-Balance Trainer

AUSGANGSPOSITION

Ein Bein gebeugt auf und ein Bein gestreckt hinter dem BOSU positionieren, Oberkörper aufrecht, Arme diagonal halten

ÜBUNGSAUSFÜHRUNG

Kräftig mit dem Bein auf dem BOSU nach oben abspringen, in der Luft das andere Bein nach vorne führen und auf diesem landen. Hinteres Bein dabei mit einem explosivem Kniehub vorziehen.

VARIATION Erschwert: Sprunghöhe bzw. -frequenz steigern.

ROBINS TIPP Statt am BOSU können die Sprünge an einer Treppenstufe ausgeführt werden.

Übung 14

Doppelstockschub

Ein starker Stockschub ist beim Skating als auch in der klassischen Technik maßgeblich für einen dynamischen Laufstil. Durch diese Übung wird sowohl die dafür nötige Arm- und Rückenkraft verbessert, als auch die Gleichgewichtsfähigkeit auf die Probe gestellt.

Geschwindigkeit
kontrolliert

Wiederholungen
3 x 45 sek/45 sek

Muskelgruppe
Arme, Rücken, Beine

Zusatzgerät
BOSU-Balance Trainer, langes Powerband

AUSGANGSPOSITION

Band auf Schulterhöhe befestigen, Beine leicht beugen und Kniewinkel dann fixieren, Oberkörper ebenfalls in leichter Vorlage fixieren, auf plane Fußstellung achten.

ÜBUNGSAUSFÜHRUNG

Wiederholt und rhythmisch mit langen Armen einen synchronen Armzug nach hinten ausführen. Dabei möglichst wenig Ausweichbewegungen zulassen.

VARIATION Mit Partner kann die Zugstärke spielerisch variiert werden!

ROBINS TIPP Kein BOSU zur Hand? Einfach eine Matte einrollen und als instabile Unterlage nutzen!

Übung 15

Lunge mit Kniehub

Kaum eine Übung kräftigt die Beinmuskulatur so ausgeglichen und vielseitig wie die Ausfallschrittkniebeuge (engl. Lunge). Da die Oberschenkelrückseite beim Laufen und Radfahren häufig zu kurz kommt, ist diese Übung unabdingbar für ein ausgeglichenes Beinkraftverhältnis!

Geschwindigkeit	Wiederholungen	Muskelgruppe	Zusatzgerät
dynamisch	3 x 45 sek/45 sek	Beine	keins

AUSGANGSPOSITION

Ausfallschrittkniebeuge, vorderes Knie bleibt hinter der vorderen Fußspitze, vorderer Unterschenkel senkrecht, hinteres Knie tief und knapp über dem Boden halten, Arme diagonal positionieren.

ÜBUNGSAUSFÜHRUNG

Hinteres Knie aktiv zum Kniehub vorführen und wieder zur Ausgangsposition zurückführen. Erst bei sicherem Stand hinteres Knie wieder absenken und nächste Wiederholung initiieren.

VARIATION Erleichtert: langsame Ausführung, Knie nicht bis zum Boden führen.

ROBINS TIPP Profis nutzen den Kniehub um Schwung zu holen und führen die Übung gesprungen aus!

Übung 16

Liegestütz mit Rumpfrotation

Bei dieser Übung trainiert man sowohl die Rotatorenmanschette im Schultergürtel als auch die schräge Bauchmuskulatur. Jeder ambitionierte Langläufer oder Biathlet weiß, eine gute Technik braucht einen stabilen Rumpf!

Geschwindigkeit kontrolliert	**Wiederholungen** 3 x 45 sek/45 sek	**Muskelgruppe** Core, Schultern	**Zusatzgerät** keins

AUSGANGSPOSITION

Liegestützposition, Hände unter den Schultergelenken platzieren, Bauch und Gesäß aktiv anspannen, Kopf in Verlängerung des Rückens halten.

ÜBUNGSAUSFÜHRUNG

Im Wechsel links und rechts aufdrehen. Dazu eine Hand vom Boden lösen und den Arm nach oben bis zur Senkrechten drehen. Becken und Fersen dabei mitdrehen. Langsame Ausführung.

VARIATION Nach beidseitigem Aufdrehen zusätzlich eine Liegestütz absolvieren.

ROBINS TIPP Profis können zusätzlich leichte Hanteln nutzen, Anfänger auf Knien üben.

Übung 17

Burpee

Beim Skilanglauf stößt man an steilen Stellen schnell an seine Grenzen, wenn man vorab nicht im hochintensiven Bereich trainiert hat. Bei einem Burpee ergeht es einem ähnlich wie am Berg, aber auch hier gilt es weiterzumachen und eine saubere Technik beizubehalten. Eine perfekte Vorbereitung für den Winter!

Geschwindigkeit	Wiederholungen	Muskelgruppe	Zusatzgerät
explosiv	3 x 45 sek/45 sek	Beine, Core	keins

AUSGANGSPOSITION

Liegestützposition, Hände unter Schultergelenken platzieren, Bauch und Gesäß anspannen. (Alternativ: Bauchlage, Hände unter den Schultern positionieren).

ÜBUNGSAUSFÜHRUNG

Aus dem Stütz in die Hocke springen und aus der Hocke heraus einen Strecksprung ausführen. In der Luft Beine nach hinten führen, um wieder in der Ausgangsposition (Stütz) zu landen.

VARIATION Erleichtert: springe nicht in den Stütz, sondern lege dich kurz auf den Bauch.

ROBINS TIPP Die Tempokontrolle ist entscheidend!

Übung 18

Klappmesser im Seitstütz

Wer sich schonmal näher mit der Technik im Skilanglauf befasst hat, weiß um den Stellenwert einer aktiven und ausgeprägten Hüftstreckung. Genau diese Hüftstreckung wird bei dieser Übung gefordert, allerdings nicht auf dem Ski, sondern aus dem Seitstütz heraus!

Geschwindigkeit dynamisch

Wiederholungen 3 x 45 sek/45 sek

Muskelgruppe Core, Abduktoren

Zusatzgerät keins

AUSGANGSPOSITION

Seitstützlage, Ellenbogen unter Schultergelenk platzieren. Oberen Arm über Kopf strecken und oberes Bein gestreckt vom unteren Bein abheben und halten.

ÜBUNGSAUSFÜHRUNG

Aus dem Seitstütz oberen Ellenbogen zum oberen Knie führen, dabei Gesäß nach hinten schieben (Beugephase). Danach wieder Arm und Bein ausstrecken und Hüfte aktiv vorschieben (Streckungsphase).

VARIATION Erleichtert: gleiche Ausführung bei 90° abgewinkeltem unteren Bein.

ROBINS TIPP Bauchspannung in der Beugephase, Gesäßspannung in der Streckungsphase.

Übung 19

Crunch diagonal

Die schräge Bauchmuskulatur benötigt man beim Skilanglaufen nahezu in jeder Phase, egal ob zur Stabilisierung nach dem Beinabdruck oder als Hilfsstruktur beim Stockschub.

Geschwindigkeit	Wiederholungen	Muskelgruppe	Zusatzgerät
dynamisch	3 x 45 sek/45 sek	Bauch	keins

AUSGANGSPOSITION

Rücklage auf dem Boden, Hände an den Schläfen positionieren, Beine ausstrecken und in der Luft halten, Kopf abheben und leicht einrollen.

ÜBUNGSAUSFÜHRUNG

Im Wechsel ein Bein ausstrecken und das andere Bein (Knie) zum Ellenbogen ziehen. Dabei möglichst viel mit dem Oberkörper zur Seite mitdrehen.

VARIATION Erleichtert: Fersen jeweils kurz ablegen.

ROBINS TIPP Beim Drehen zur Seite schauen!

Übung 20

Klappmesser

Leider neigen die geraden Bauchmuskeln als phasische Muskelgruppe dazu, schnell abzuschwächen. Deshalb ist es umso wichtiger sie gezielt zu trainieren, um spätestens im Winter auf eine strake Körpermitte zurückgreifen zu können.

Geschwindigkeit explosiv | **Wiederholungen** 3 x 45 sek/45 sek | **Muskelgruppe** Bauch | **Zusatzgerät** keins

AUSGANGSPOSITION

Rücklage auf dem Boden, Kopf und Beine vom Boden abheben, Arme über Kopf strecken, unteren Rücken mittels Gesäßspannung auf den Boden drücken.

ÜBUNGSAUSFÜHRUNG

Klappmesserartig die Knie zum Bauch ziehen. Mit den Armen seitlich neben die Oberschenkel schnellen und wieder kontrolliert in die Ausgangsposition zurückgleiten.

VARIATION Erleichtert: Fersen in Ausgangsposition kurzzeitig abstellen.

ROBINS TIPP Ausatmen in der Beugephase!

GERMANY
adidas
GERMANY
adidas
TEAM D
GERMANY
TEAM D
GERMANY

GERMANY
adidas
GERMANY
adidas
adidas
TEAM

Ein starkes Team

Um im Sport erfolgreich zu sein gibt es viele Faktoren die zusammenspielen und harmonieren müssen. Auch als Einzelsportler lassen sich Medaillen nur dann gewinnen, wenn man ein starkes Team hat. Nichts anderes ist es mit unserem Buchprojekt „Doll's Schwarzwaldlust".

Unser Dank gilt daher ganz besonders:

- Rebekka Markert, die uns mit ihrem Gestaltungskonzept sofort überzeugte
- Michael Bührer, der unser Buch mit seinen großartigen Fotos bereichert hat
- Robin Irion, der mit seinen spritzigen Ideen für Schwung und Schweiß sorgt
- Carsten Loos, der sich als Sportjournalist auf ein anderes Terrain begeben hat
- den Lektorinnen Miriam Behringer, Hannah Grisse und Saskia Mölleken sowie Professor Robert Schäflein-Armbruster
- und natürlich Friederike Doll, die uns immer mit Rat und Tat zur Seite stand.

Außerdem möchten wir uns bei unseren Partnern bedanken, die ebenfalls wertvolle Beiträge zum Erfolg dieses Buches geleistet haben.

Christoph Eich

Der studierte Dipl. Sportökonom arbeitete lange als Sponsoring- und Eventmanager bei einer großen Brauerei, bevor er sich im Bereich Sportmarketing mit der Agentur „eich marketing consulting" selbstständig machte. Darüber hinaus ist er Dozent, Autor und Mitverleger dieses Buches. Der ehemalige Schwimmer und Tennisspieler macht seit vielen Jahren Fitnesstraining und hat Yoga für sich entdeckt, um im Alltag die nötige Ruhe zu finden.

Rezepte im Überblick

Ravennaschlucht

Zeichenerklärung und Bildnachweise

Zeichenerklärung

- Portionen
- Anzahl Kuchen
- Anzahl Brötchen
- Anzahl Riegel
- Anzahl Brote
- Gericht zu jeder Jahreszeit geeignet
- Frühjahr
- Sommer
- Herbst
- Winter
- Zubereitungszeit

Bildnachweise

Fotograf/Bilddatenbank	Seite
Michael Bührer:	Cover, die meisten Rezeptfotos, Nordic Functional Training sowie 38, 39, 58, 171
Kilian Kreb:	26, 27, 54, 127
Frank Zauritz:	3, 9
Daniel Schönen:	6, 41
Daniel Lemmer:	48
EDEKA ZENTRALE AG & Co. KG:	10, 11, 18, 68, 69
Schwarzwälder Skimuseum:	55
Benedikt Doll:	5, 22, 25, 81/82, 130/131
Charly Doll:	15, 23, 62, 79, 86, 118, 134, 138, 166, (Privatarchiv)
NordicFocus:	33, 70/71, 102/103, 128, 139, 168/169
iStock.com:	13, 21, 35, 65, 94/95, 115, 124, 137
fotolia.com:	40 (Kitty), 53 (ji_images), 58/59 (ptaschkan)
Mareike Loos:	170
Frank Rosenkranz:	78, 95
Baschi Bender:	82
Chris Keller/Schwarzwaldtourismus:	84/85, 174, 175/176
Jonathan Pielmayer (unsplash.com)	104/105